해바라기 씨앗은 몇 개일까

조남걸 시집

■ 시인의 말

오늘도 숲길을 걷습니다.
길앞잡이가 안내하는 작은 자갈이 뒹구는 흙길입니다.
키 큰 나무가 만들어 준 그늘로 선선한 바람도 불어옵니다.
숲에서 울어대는 매미와 산새들, 계곡을 흐르는 물소리,
나뭇잎을 흔드는 바람 소리에 귀를 엽니다.
숲길에서 보이고 들리는 것들을
온몸의 감각으로 받아 반추하고 반추합니다.
길에서 줍는 한 줄의 시어들은
목마름을 해소하는 한 모금의 청량한 물 같습니다.
무릎과 종아리와 발뒤꿈치가 아픕니다.
한쪽 다리를 절며 숲길을 걷습니다.
해가 갈수록 시어가 생각나지 않아
문학회를 탈퇴한다며 떠났던 선배의 말이 생각납니다.
나도 언제까지 이 길을 걸을 수 있을까요?
언제가 되는지 알 수 없지만 숲길을 걸을 수 없을 때까지
시어 줍는 일을 계속해보렵니다.

차례

1부

워낭 소리 11
해토解土 12
바람, 바람, 바람 14
곁가지의 힘 16
어머니 1 18
어머니 2 19
어머니의 밭 20
양귀비 사랑 21
표절 22
봄 23
말 24
떨켜 26
봄날 27
자기소개서 28
밀담 30

제 2 부

탈모 35
해바라기 씨앗은 몇 개일까 36
여름날의 연가 38
사랑 39
헛꽃 40
미세먼지 주의보 41
빙의 42
면접 44
꿈 46
돈 47
창 48
외출 50
텃밭 52
가뭄 53
환생한 느티나무 54

제 3 부

숲 그리고 버스킹 59
자생自生 60
시詩 1 62
시詩 2 64
다래 넝쿨을 읽는 봄 65
당산堂山 66
고도에 갇히다 68
바람꽃 69
실새삼 70
천이遷移 72
얼레지 74
은방울꽃 75
산에 오르는 이유 76
방치와 망초 77
민들레 78

제 4 부

종합병원 81

소멸 82

실험동물 83

이석증 84

흑과 백 86

보시 87

갈등 88

동지 무렵 89

고독한 개 90

가을 냉이를 캔다 92

코로나19 팬데믹 세상 94

밤바다 96

추모의 방식 1 98

추모의 방식 2 99

뻐꾸기가 우는 이유 100

■해설

농경적 상상력, 혹은 삶과 죽음이 함께 하는 자연 _ 황치복 ... 102

1부

워낭 소리

봄이 거친 숨을 내쉬며 오는 소리
진달래꽃 흐드러진 산밭 아래까지
힘내서 앞으로 가라고 부추기는 소리
이랴 이랴 이랴 이랴

미루나무 잎 필 때 들려오는 소리
느긋하게 노을이 달구지에 내려앉을 때
집으로 가라는 소리
어뎌 어뎌 어뎌 어뎌

제일 잘 알아듣는 소리
가장 듣고 싶었을 소리
멈추라는 소리
워 워
와 와

다시 듣고 싶어도
들리지 않는 소리
소는 많은데 그 소리를 찾을 수 없어
아버지 무덤가에 가서
나 혼자 기억으로만 불러내는 소리

해토解土

  바람의 온도가 달라졌다
  아버지 고향에 봄이 오려나 보다
"정부, 올해 서울 남북정상회담 성공개최 추진…회담 정례화"
  상동증*에 걸린 곰처럼
  마당을 온종일 왔다 갔다 했다
  계곡 물소리도 빨라지고
  바람꽃이 바람의 냄새를 기억해낸다
  죽어도 눈 감지 못하고
  깊은 곳까지 얼었어도
  끝내 녹아내리려는 기억이 있다는 듯
  북쪽이 아직 시리지만
  껍질 밀어내고 솜털 말리는 버들강아지
  아버지의 기억도 오종종 나와서
  두꺼운 생각을 벗고
  봄볕 제대로 쪼일 수 있을까
  뒤꼍 담장 아래 상사화 잎 내밀고
  부풀어 오른 흙에서
  진한 매화 향기 밀려와도
  누군가의 텅 빈 부재가
  끝없는 반복을 부추겼기에

오늘은 가장 빨리 잎이 돋는 갯버들 꺾어
무덤가에 가서 호드기 불 태세다
집 앞까지 다정한 산그늘 내려온다
달래 냉이 캐던
할머니의 뭉툭한 손등을 쓸어내듯
막 자라난 잔디를 아버지가 가만히 만져본다
"어머니, 제가 꼭 고향 흙 가져와서 뿌려 드릴게요."
아는지 모르는지 대답처럼
산새 한 마리 푸드득 날아오른다

*상동증(相同症, Stereotypy) : 행동을 끊임없이 반복하는 일종의 정신 질환.

바람, 바람, 바람

바람이 분다는 것은
누군가가 누군가를 끌어당기는 기척
그런데 나에게는 끌려가는 것만 있다
어머니를 닮았을까
아버지를 흉내 냈을까.
어머니의 미풍은
아버지의 강풍을 가라앉히는 데 평생을 바쳤다
바람을 쫓던 아버지가 역풍을 맞아
스스로 숟가락도 들지 못하는 몸이 되어
요양병원에서 와해 될 때까지...
기압이 생긴다는 것은
누군가가 누군가에게 체증으로 남았다는 뜻이다
집안에서 아버지는 늘 기압이 낮았다
그러나 읍내 삼거리에선 고기압으로 바뀌었다
소문은 모락모락 피어나는 뭉게구름처럼
아낙들 입에서 오르락내리락 떠다녔다
안쪽으로 메말라 가던 어머니의 눈이
태풍의 눈으로 변했다
아버지의 몸속으로 칼바람이 불어왔다
아버지는 그대로 중풍에 휩쓸렸다
이젠 아버지도 가고

어머니도 가고
후일담처럼 나만 홀로 남아
무슨 바람과 기압이 될까
궁리하는 중늙은이가 되었다
아무것도 되고 싶지 않았지만
어느새 나를 닮은 바람이 내 안에 있었다
마침내 바람도 유전되고 말았을까
두 개의 바람이 몸을 들락거렸다
떠도는 바람과 뿌리 내린 바람 사이
어정쩡 내가 있다
그런데 너무나 좋다
아버지 어머니가 아직도 내 안에서 살고 있다

곁가지의 힘

  곱씹어 보면, 오동나무 머릿장은 아버지가 몰두한 결과다
  봄이 되면, 잘 자란 밑둥치를 잘랐다
  우듬지가 없어지면 뿌리는 곁가지에 힘을 모은다
  곁가지가 원줄기보다 곧다
  옹이도 없이 오 미터 넘게 튼실했다

  신혼여행에서 돌아오니 머릿장 하나 기다리고 있었다
  나는 아버지의 바람기로 옆에서 삐져나온 곁가지다
  우듬지인 오빠와 달리 나는 늘 찬밥 신세였다
  큰어머니의 구박과 핍박으로
  오기와 독기를 품고 살았는데
  나의 저주가 통했을까
  오대 독자인 오빠는 스무 살을 못 넘기고 세상을 떴고
  시름에 겨워하던 큰어머니마저 얼마 후 아들을 따라갔다
  곁가지가 우듬지가 되는 세상이 펼쳐졌다
  나만 홀로 짱짱하게 살아남아 제사상을 차린다
  머릿장 앞에 네 개의 지방
  빤히 나를 내려다 본다
  울지도 웃지도 않는다

서러움을 먹고 자란 존재는 언제나 힘이 세다
나도 아버지처럼 오동나무 밑둥을 자르러 간다

어머니 1

열두 식구
나물죽으로 보릿고개 넘기려
메조 밥 한 덩이 뭉쳐 허리에 차고
된 고개 넘어 삼십 리 길
수리산 나물 캐러 갈 때
할머니, 저년 밥 처먹으려고 나물만 간단다

어머니 2

칠십 평생 밭일만 하던 어머니
다리 힘줄이 오그라들어
팔 년을 무릎 한번 펴지 못하고
누워 계시다 가셨을 때
다리를 펴 드리며 하늘나라에선
훨훨 날아다니시라고 염원했다

삼우제 날
산소에 차려진
술잔과 음식을 오가던
고운 빛깔의 부전나비 한 마리
팔랑팔랑 잘도 날아다녔다

어머니의 밭

옥골 웃샘골 진나무골 산비탈
송충목 풀포기 나무뿌리 돌덩이
베어내고 캐어내고
손발이 부르트고 터지고
늘어나던 따비 뙈기
달고 팍신했던 감자랑 고구마

어머니 떠나신 후
도로 산이 되었습니다

양귀비 사랑

너에게 중독된 순간
몸이 먼저 휘였다
오해마라 너를 탐하려는 것이 아니다
내가 되고 싶은 것이다

표절

혹여 봄이 오다가 여름이 될까
히어리꽃이 노란색 봄을 표절하고 있다
꽃밭에서 어머니는 망각을 표절하고
아버지는 무덤 속에서 소멸을 표절하고
나는 어머니가 그렇게 싫어했던 아버지를 표절했다
느릿느릿한 말씨와 헛기침 소리
구부정한 자세로 걷는 팔자걸음
나이 들수록 넓어지는 대머리
당뇨에 고혈압 고주망태가 되는 술버릇까지
표절이 넘쳐난다
그러나 표절할 게 남아 있다는 건
모두 살아 있다는 거다
나는 오늘 숲을 거닐며 숲을 표절한다
나방과 나비 그들의 애벌레
풀무치 여치 사마귀 그리고 이구아나
전부 내 안으로 뛰어든다
그런데도 저작권은 따지지 않는다
스스로 원본인 자연
그것은 가장 사랑스러운 허용이다

봄

잎이 필 봄
풀이 날 봄
꽃이 핀 봄
올려다봄 내려다봄 들여다봄 가까이봄 멀리봄 마주봄 지긋이봄 만져봄 맡아봄 느껴봄
봄 봄 봄
온통 봄이다

말

묵언수행을 하는 것도 아니고
실어증을 앓는 것은 더더욱 아닙니다
살아온 세월만큼 할 말도 많을 텐데
왜 나이가 많아질수록 말은 적어질까요

천년을 산 은행나무의 말은 모두 상징으로 나타납니다
부드럽게 펼쳐진 잎은 따뜻한 속삭임이고
성근 그늘은 개미와 새와 사람을 위한 배려입니다
주렁주렁 열린 열매는 나눔이라는 말 같고
양각과 음각으로 새겨진 껍질은 굵고 투박한 사투리 같습니다
땅 위로 드러난 뿌리에선 깊은 내면의 울림까지 들립니다
깊게 파인 옹이와 부러진 가지는
한자리에서 버티며 겪은 역사의 증언입니다

참새들은 할 말이 참 많은가 봅니다
날이 새기 전부터 재잘재잘 연신 떠듭니다
나의 어렸을 적 어머니는 나를 보고
참새처럼 재잘재잘 말도 많다고 했었지요
내가 은행나무 아래에서 매일 놀았던 사실을 알고 있

었나 봅니다

  아내와 한 번도 말싸움에서 이겨본 적이 없습니다
  그래서인지 묻는 말 외엔 할 말을 잃었어요
  어쩌다 부부싸움을 하다 보면
  결론은 왜 말을 하지 않는 거냐는 거였지요
  그런 내가 잠이 들면 잠꼬대를 했답니다
  평소 하고 싶었던 말을 주저리주저리
  은행알 굴러가듯이…
  오늘 저녁엔 아내랑 함께 은행나무 아래에 가서 소요逍遙를 하고 싶습니다
  말하지 않고 말하는 법을 배우고 싶습니다

떨켜*

나는 단단히 붙잡고 있던 끈을 놓고
고향으로 돌아가기 위한 준비를 했다
분리를 위해 새를 품기 시작했다
월요일과 금요일 사이 새가 난무했다
새를 붙잡고 있는 순간 남쪽을 자꾸 실감했다
그러나 날아가기엔 너무 무겁고 딱딱한 도시
나는 새를 하나씩 버리기로 했다
새를 하나씩 버릴 때마다
영양실조 걸린 거식증 환자처럼
몸은 메마르고 얼굴은 혈색을 잃었다
이쪽과 저쪽을 이어줄 떨켜가 필요했다
분리가 끝이 아니구나
고향에서 기별이 자꾸 날아왔다
어머니 목소리가 떨켜였다니
몸은 솜털처럼 가벼워 어디든 날아갈 것만 같았다
이별을 위한 것이 아니라 만남을 위한 거였다
난 기꺼이 떨켜를 받아 들였다
그날 이후 내 몸에서 새로운 그리움이 돋아나기 시작
했다

*떨켜離層(abscission layer) : 낙엽이 질 무렵 잎자루와 가지가 붙은 곳에 생기는 특수
한 세포층細胞層.

봄날

꼬불꼬불 이어지는
논 귀퉁이 둠벙
가장자리에 잠긴 풀 섶
어레미로 가만가만 뜨면
톡톡 튀는 새뱅이
이젠 다 어디로 갔나

참방개 똥방개 나오면
막내아들 구워주고
실한 미꾸라지 나오면
뚝배기에 콩조림 보글보글 끓여
잦은 병환에 기력 없던
아버지 밥상에 올려 주곤 했는데
맑은 둠벙 찾을 수가 없구나
늘 가까이 있던 것들이
산천 깊숙이 들어가야 만날 수 있다
그렇게 그리운 것들은 모두 먼 곳이 되고 말았다

자기소개서

면접 따윈 필요 없건만
숲이 자기소개서를 쓰기 시작한다
스스로 주인이고 스스로 과정이며 스스로 결과인데
봄만 되면 왜 저렇게 분주한 모습인가

땅에 힘을 주고 마른 풀밭을 밀어낸다
곁가지가 자신감을 잔뜩 세우고
이파리 없이 스스로 꽃을 피운다
돋보이고 세련되게 연두를 껴입는 건 필수
숲에 어울리는 새소리와 물소리도 곁들인다

꽃은 생식을 위한 본능이니
경력 따윈 필요 없다
자기를 돋보이기 위한 전략, 그 이상도 그 이하도 아니다
꽃이 많다는 것은 열매도 많다는 증거
각자 자기만의 모양과 가능성을 뽐낸다
숲은 그 자체가 스펙이고 자격이다
나무 하나하나 역할이 적절하고
태양과 달과 바람을 다스리는 리더십이 뛰어나다
조용하고 은밀하게 진행되는 숲의 조직들

앞서거니 뒤서거니 진녹색의 물결로 치달려도
색깔은 더 화려하게
모양은 더 요염하게
냄새는 더 향기롭게

밀담

동네 어귀 오백 년을 지켜온 당산나무에게
무엇을 좋아하느냐고 물었다
삼월 삼짇날 돌아오던 제비
보리밭 위로 높이 나는 종다리
논두렁에서 우는 뜸부기
찔레나무에 앉아 노래하는 휘파람새
속 빈 느티나무 꼭대기 슬피 우는 소쩍새
흙탕물에 뛰어오르는 송사리 떼
미루나무 위 억척스레 울어대던 매미
비 오는 마당 배 키우며 울던 맹꽁이
여름밤 움직이는 작은 별 반딧불이
비췻빛 하늘에 나는 고추잠자리
책보 메고 뛰던 눈망울 초롱초롱하던 아이들
나무 밑 평상에 모여 수다를 떨던 아낙들
농사 일하러 오가다 그늘에 들러 허리를 폈던 농부들
내 앞 지날 때마다 머리 조아리던
능머루댁 말마리댁 송림댁 방축골댁 비선거리댁 바위안댁 보습고지댁...

동네 어귀 오백 년을 지켜온 당산나무에게
무엇을 보았냐고 물었다

들녘에 피는 아지랑이
언 땅 녹이던 봄비
실개울에서 피는 물안개
먹장구름 부르는 뭉게구름
소나기 내리는 날 천둥 번개
여우비 내릴 때 동산에 뜬 쌍무지개
붉게 떴다 붉게 지면서 말을 걸어오던 해
보름날 눈이 시린 달빛
겨울 안개 걷히며 아침햇살에 빛나던 진고대
은하수 사이로 떨어지는 별똥별
풀잎 끝 이슬에 내려앉은 새벽별
꽃소식 실어 오던 마파람
태백산맥 넘어오는 높새바람
인당수 휘돌아 온 하늬바람
큰비 몰고 오는 동남풍

난 말없이 미소 지으며 나무를 껴안았다

제 2 부

탈모

탈모가 시작된 겨울 숲은 적막하다
빛을 보지 못한 나무 둥치가
알몸에 그늘을 살았던 것처럼
무덤 속 아버지도 맨몸으로 흙을 살았다
알몸과 맨몸의 것들이 숲에 가득한데
그중에 아버지가 으뜸이다
가난하게 태어난 순간부터
농사짓다 쓰러진 순간까지 평생 알몸이었으니
벌거숭이 무덤쯤은 일상이다

나는 탈모 된 겨울 숲을 좋아한다
짧은 겨울 햇볕은 신이 난 듯 숲속을 헤집고 다닌다
무수히 많은 잎에 가려 보이지 않던
제멋대로 자란 나무줄기가 다정하다
붉은머리오목눈이 꾀꼬리 멧비둘기가
여름날 새끼를 키웠던 빈집이 쓸쓸하다
아버지의 무덤이 낙엽 가발을 쓰고
볕을 쬐며 졸고 있는 나른한 겨울이다

해바라기 씨앗은 몇 개일까

해바라기 씨앗의 개수를 세어 보았나요
달덩이 같은 얼굴로 오직 해만 바라보며
바둑판처럼 열 지어 영글어가는 열매를

나 어릴 적 아버지처럼 큰 키로
까치발을 하고도 보이지 않던 돌담 너머
골목과 지나는 사람들 잘도 넘겨다 보았지요
해바라기에서 배운 건 말없이 지켜보는 것
형들이 도시로 나가고
좋아하던 이웃집 여자애가 이사를 가도
묵묵히 지켜보기만 했었지요
그런데 할머니의 상여가 나갈 때는
지켜보지 못했어요
눈물이 하고 싶은 말이 많았어요
그런 내 모습까지 해바라기는 또 지켜보았지요
모든 것을 저장한 씨앗이 맺혔어요
그래서 해바라기 씨 알갱이가 몇 개인지 세고 싶어져요
개수를 세다 보면 어디까지 셌는지
셀 때마다 헷갈리곤 해서 끝까지 셀 수 없었어요
해바라기 씨앗 세어보는 일을
언제쯤 끝낼 수 있을까요

나는 오늘도 해바라기 씨 알갱이를 세고 또 셉니다

여름날의 연가

한 여름 날
목이 쉬도록
부르는 이 그 누구냐
불러도 오지 않는 사랑이더냐
아니면 하늘로 간 어머니더냐

사랑

꽃 필 때 보고픈 사람
꽃 질 때 더욱 그립다

헛꽃

꽃나무에 물을 주며 동구밖을 바라봅니다
그 사람이 하얀 드레스를 입고
새벽안개 낀 길을 사뿐사뿐 걸어오더니
어느결에 신기루처럼 사라졌습니다
헛꽃이었나 봅니다

산딸나무꽃이 피면 그 사람이 오지 않을까
나는 몇 해 전 산딸나무를 심었습니다
하늘색 수국이 피면 오려나
산수국도 그 옆에 심었습니다
지난해는 수국과 산수국이 피지 않아
더더욱 궁금했습니다
올해는 백당나무와 큰꽃으아리도 심었습니다
꽃이 피면 밖에서도 보이게 덩굴을 올렸습니다
멀리서 보면 꽃등대처럼 보일것입니다

꼭 오겠지요
하늘에서 보라고 피어 있으니까요
나는 아직도 당신 닮은 나비를 기다리고 있습니다

미세먼지 주의보

5일째 미세먼지가 나쁨 수준이다
미세한 것들이 모여 거대한 짐승이 된 후
모든 시야를 가린다
목구멍 속으로 촉수까지 밀어 넣는다
선천성 천식을 갖고 있던 내가 기침을 한다
속에 있는 것이 시커멓다
마스크도 못 쓰고 기침도 할 수 없는
나무와 새들은 얼마나 괴로울까
아버지 어머니가 하늘로 떠나신 날도
짙은 황사로 뿌연 하늘이었다
고향 선산에 장례를 모시던 날도 그랬다
회사에서 동료보다 진급이 늦은 것도
나의 미래에 잔뜩 낀 회색빛 때문이었다
언제부터인지 생겨난 회색빛 트라우마
회색으로 된 옷도 입지 않았다
앞으로 더욱 잦아질 거라는 예보
내 생을 가로막는
미세먼지 주의보, 언제 끝날 것인가

빙의

백족산 산비탈엔
복숭아나무와 동갑내기 할머니가 살았는데
그녀는 죽고 나무만 남아서 슬퍼할 줄로만 알았는데
오월만 되면 나무는 연분홍 저고리와 속치마를 자꾸 벗어 던졌는데
벗어 던진 하얀 속치마가 바람에 너울너울 아랫마을까지 내려가서
후끈 멀미가 났다
가만히 보니 나무둥치에 난 검은 부스럼은
그녀의 얼굴에 핀 검버섯을 너무나 닮아 깜짝깜짝 놀란다
기억이 여기저기 짓무르고 터져 옹이로 남았다
갈라진 틈에서 솟은 수액은 젤리같이 굳어
이것도 약이여,
말하던 그녀의 목소리로 올망졸망 맺혔다
그녀의 기억자로 굽은 허리를 닮은
삭아 꼬부라진 나무둥치엔
먼저 하늘로 보낸 세 살배기 그리움 막내인 양
애지중지 가꿔온 튼실한 새 가지에 새싹으로 키워냈다
그녀의 쪼글쪼글한 눈을 닮은 어린 열매가
탱글탱글 살이 올랐을 때

나는 비로소 나무가 그녀를 살고 있다는 것을 알았다

진하게 황혼이 깔리는 날이면
붉음 속에 복숭아나무와 나란히 앉아
먼 서쪽을 바라보는 그녀가 나에게만 보였다

면접

싹수가 노란 놈은 애당초 골라내야 한다
오늘 면접관은 김씨부부
튼튼하고 잘생긴 열매를 얻으려고 꽃을 솎아낸다
나름 정한 각종 기준에 따라
꽃봉오리를 밀어낸다

열매도 경쟁하는 오월의 과수원
꽃이 좋다고 열매가 좋으란 법 없어서
또 한 번 면접을 치른다
최종적으로 부실한 열매를 골라낸다
크다가 삐뚤어질 놈
씨가 갈라질 놈
가차 없이 떨어트린다
면접관의 예리한 눈에 들어
끝까지 살아남으려면
태양과 바람과 비의 목소리를
처음부터 잘 듣고 실천해야 한다
저농약이라는 스펙을 갖추는 건 필수
선택받아 살아남은 열매들이
황금빛 햇살 받으며 병마와 싸운다
태풍과 폭우를 견딘다

과육과 씨앗과 당도가 끝까지 차오른다
면접관이 웃는 얼굴로 문득 다시 나타난다

꿈

 절 마당에 서 있는 감나무엔 잎은 모두 떨어지고 주황색으로 물든 감만 매달려 있다 나는 홍시 하나를 따서 그녀에게 내밀었다 홍시는 말랑말랑하여 조금만 힘을 주어도 툭 터져 버릴 것 같다 그녀는 치맛자락에 조심스레 문질러 닦아 홍시보다 더 빨간 입술로 가져갔다 나는 그녀의 입속으로 빨려 들어가는 홍시를 바라보며 내가 홍시가 되고 싶었다 껍질만 남긴 채 그녀의 입속으로 들어가 피가 되고 살이 되고 싶었다

 그때 범종 소리가 들렸다 그녀가 소리가 나는 쪽으로 향해 뒤돌아봤다 나는 갑자기 부끄러웠다 절 뒤로 보이는 산자락에 붉게 노을이 깔리고 있었다 새 한 마리 그 사이로 날아갔다 나도 모르게 색즉시공공즉시색*色卽是空空卽是色을 중얼거렸다

*색즉시공공즉시색 : 모든 유형(有形)의 사물(事物)은 공허(空虛)한 것이며, 공허한 것은 유형의 사물과 다르지 않다는 말.

돈

 내 눈을 의심했지만 틀림없다 누가 볼까 오른발로 슬쩍 밟고 꼼짝 안 했다 추석 대목장이라 장꾼이 많다 오늘따라 아는 사람들이 참 많기도 하다 하늘이 노래졌다 등에선 땀이 나고 있었다

 동생들 얼굴이 떠올랐다 눈깔사탕 빨면서 웃는 모습 둘째는 보리밥을 보면 우는 아이다 셋째는 욕심이 많아 모둠밥을 가랑이에 끼우고 혼자 먹겠다고 울었다 막내는 젖이 모자라 몸이 약했다 나는 주머니칼만 보면 사족을 못 썼다 몸이 뒤틀리고 다리엔 쥐가 나려고 했다 마려워서 아랫배는 터질 것만 같다 숨만 크게 쉬어도 오줌이 찔끔찔끔 나왔다 제발 해야 빨리 넘어가라고 속으로 외쳤다 장돌뱅이들이 하나둘 자리를 뜨고 어둑어둑 땅거미가 지고 있었다 주위를 둘러보며 밟고 있던 것을 손에 쥐었다

 시원했던 오십 환짜리 동전의 촉감
 윤리나 도덕은 교과서밖에 없다
 그때부터 나는 꽉 밟고 버티자
 이 한마디로 여기까지...

창

한쪽 벽면을 한가득 차지한 창
안과 밖의 경계는 투명한 벽이다
안에선 밖이 보이지만
밖에선 안이 보이지 않는

나는 창밖의 풍경 바라보기를 좋아한다
겨울의 해는 떴다 지는 걸 모두 보여준다
햇볕이 거침없이 안으로 들어 오고
나가려는 공기와
들어오려는 바람이 비껴가는 틈에선
휘파람 소리가 난다

아버지는 햇볕 좋은 가을이면
풀을 쑤어 창문에 새 창호지를 붙이곤 했다
한쪽에 밖을 볼 수 있는 작은 유리조각과
어머니가 좋아하는 국화꽃 몇 송이도 함께

작은 유리창에서 눈으로도 세상을 보는 맛
눈동자 가득 펼쳐진 풍경화 한 폭
나는 눈을 떼지 못했었다
소리 없이 쌓이는 눈에 겨울은 깊어지고

바람이 거세게 부는 날엔 아랫목에 등을 지지며
문풍지 악기 소리를 듣곤 했던 그 시절
창은 그리움이다

외출

  대소꿈나무 어린이집 아이들
  음성 백야수목원 자라바위 앞에 사는
  도룡뇽 유생*과 북방산개구리 올챙이 보러
  웅덩이 앞에 올망졸망 둘러앉았다
  자라바위 꼭대기에서 떨어지는 폭포수에 혈색이 돌고
  바위에 붙어사는 매화말발도리가 꽃잎을 흔들며 마중을 한다
  뭉게구름은 비탈진 산꼭대기 떡갈나무에 걸터앉아 오후의 풍경을 즐기는데
  한 아이가 물속에 잠긴 가랑잎을 들추며 손가락으로 가리키자
  생전 처음 보는 올챙이가 화들짝 달아난다
  이리저리 도망치는 올챙이 둥근 머리
  도넛 같은 도룡뇽 알
  아이들의 눈망울이 동그라졌다
  지나가던 노랑할미새가 눈동자 셔터를 누른다
  둥글게 맑게 찰나가 저장된다
  진달래꽃 붉은 꽃술만 남기고 떨어지는 따사로운 한식 무렵
  모든 외출이 눈부시다

*유생幼生(larva) : 태어나거나 부화한 후 성체가 되기 전까지의 발생 단계

텃밭

이른 봄부터 늦은 가을까지
텃밭은 쉴 틈이 없다
화학비료도 주지 않고 제초제는 안 쓰니
세상 벌레는 우리 밭으로 다 모여든다
일주일에 한 번씩 잡초를 뽑고
양배추 갉아 먹는 청벌레 손으로 잡아 없앴다
하루만 걸러도 국대접으로 수북해지는 벌레들
고라니도 유기농 채소가 몸에 좋은 걸 아는지
걸핏하면 담을 넘어와 뿌리째 뽑아 놓고
새순이 나와 자라려고 하면 싹둑 베어 먹는다
그래도 여름 내내 내 밥상엔
오이며 상추며 고추가 넘쳐났다
다 내주고도 살 수 없는 걸 따왔다
텃밭에 터는 비움에 자리였다

가뭄

TV 뉴스에서 연일 폭염주의보를 알립니다
석 달째 비 한 방울 내리지 않으니 가뭄은 덤입니다
땅은 메말라 잡초조차
겨우겨우 목숨만 부지하고 있습니다
아버지가 저세상으로 가셨을 때도 한여름이었습니다
형제 중 내가 가장 많은 사랑을 받았는데
형과 누나들은 장례를 마치는 동안
눈물을 홍수처럼 잘도 쏟아내는데
내 가슴은 타들어 가서 쏟아내지 못했습니다
눈물 한 방울 나오지 않아서 미안했습니다
7년째 병환으로 누워 계신 어머니 몸속에도
돌돌 말리는 벼 포기처럼 가뭄이 들었습니다
뿌리 잘린 호박넝쿨처럼 마르더니
가죽만 남고 앙상한 뼈가 드러났습니다
하늘만 올려다보면 슬퍼집니다
날씨든 사람이든 가뭄 속이면 모두 폐허입니다

환생한 느티나무

경기도 이천시 율면 오성리 675번지에는
사백 년 된 느티나무가 있다
천둥번개가 요란하던 여름날 밤
벼락을 맞아 둥치 일부 껍질만 남기고 쪼개져 넘어졌다

나무 밑 그늘이 사랑방이 되었다가
쉼터가 되었다가 놀이터가 되었었다
어른들은 사랑방을 잃고
지나는 길손은 쉼터를 잃고
아이들은 놀이터를 잃었다

그늘이 준 것을 전부 도둑맞았다
박새와 소쩍새는 집을 통째로 도둑맞고
나는 어릴 적 추억을 도둑맞고
마을 사람들은 대동大同을 도둑맞았다

뇌경색으로 왼쪽을 쓰지 못하는 할아버지
 자기를 닮았다며 남아있는 나무둥치를 매일 어루만
졌다
 할아버지의 염원이 통했을까
 껍질을 뚫고 새 가지가 났다

나무는 더 큰 잎을 피워 그늘을 만들기 시작했다
이십 년이 지난 지금
할아버지는 없지만 다시 평상을 놓아야겠다

제 3 부

숲 그리고 버스킹

할아버지의 이마를 닮은 벌거숭이 산에
아버지는 모발을 이식하듯 나무를 심었다

나무들이 자라 숲이 되었지만
아버지가 떠나고
숲에선 버스킹이 날마다 열렸다

큰 나무 아래 작은 나무
작은 나무 옆에 야생초
무대는 싱그러웠다
큰 나무 위는 새들이 터를 잡았고
작은 나무 위엔 매미가 자리 잡았다
여치와 귀뚜라미는 야생초 속에 있었다
느긋한 태양과 지나가는 바람과
아는 사람만이 초대 받았다
어느 날은 물웅덩이에서
개구리가 떼창을 불렀고
어떤 날은 고라니가 추임새를 넣었다
아버지는 어디에서 듣고 계실까
하늘에서 듣던 땅에서 듣던
최고의 연출자는 아버지였다

자생自生

　용문산 북쪽 7부능선 골짜기에서
　군락이 군락을 만나 봄의 서사를 서두른다
　스스로 생의 중심이 되어
　각자만의 황홀을 한꺼번에 피워 올리고 있다
　굴뚝새의 추임새가
　바위틈 사이 흐르는 물소리에 얹혀 오고
　산맥을 넘어온 바람 솔잎 스치는 소리에 놀라
　겨울잠 자던 처녀치마 고물고물 꽃줄기 키운다
　젖가슴 붉은 실핏줄 닮은 큰괭이밥 꽃잎 눈부시고
　쓸쓸하지 않게 홀아비바람꽃 무리지어 춤춘다
　바람결에 스치는 달콤한 향기는 어느 꽃이 띄워 보낸 추파일까
　꿩의 다리를 닮은 꿩의바람꽃
　고양이 눈을 닮은 괭이눈
　너만 바람꽃이냐, 외치는 나도바람꽃
　모두들 제 본색 드러내며 봄의 클라이맥스를 향해 치닫는다
　어디선가 멸종된 줄 알았던
　모데미풀 꽃잎 피워 올리는 소리가 들린다
　천천히 아주 천천히,
　볕뉘 좋은 날

꽃잎 다섯 장 피우는 속도가 빠르다
나무줄기 사이로 쏟아지는 햇빛 문질러 곱게 화장하고
이슬 발라 살포시 꽃 잎 세운다
가만히 내버려 두면 식구 늘리고
각자 도생圖生하며 저리도 잘 살고 있다
꽃 무리는 저 스스로 살으라 두고
추파 보내는 또 다른 꽃이나 살금살금 찾아볼까

시詩 1
― 숲길(林道)을 걷다

그가 앞서 걷고 있다
내가 방해되지 않기 위해
내가 그를 볼 수 없는 거리가 아닌
그가 나를 볼 수 없는 거리를 두고

우리가 걷는 이 길은
산 중허리를 깎아 만들어
S자 길이 반복되는 숲길이라서
서로 볼 수 없는 거리를 두고 걷기가 좋다

같은 길을 걸어도
그는 찾으려는 아이디어를 대부분 이 길에서 줍는다
바람이 쌓아놓은 낙엽 더미나
멧돼지가 쑤셔놓은 흙구덩이에서 줍고
늘 한곳에 배설하는 너구리 똥 더미에서 건져 올리기도 한다

나는 그가 버리고 가는 발자국을 주워
내 말랑말랑하던 종아리와 허벅지 근육에 채웠다

걷는 내내 골짜기에서 흐르는 물소리와

나뭇잎 사이를 스치는 바람 소리와
새들의 지저귐에 귀를 세우기도 하고
겨우내 비어 있던 땅에서 돋는 풀과
껍질을 벗고 크다가 폭죽처럼 터지는
잎눈과 꽃눈의 경이로움에 감탄하며
수많은 잡념을 끄집어낸다

온 산이 참꽃으로 흐드러지더니
이젠 개꽃으로 옷을 갈아입는다
그가 쫓는 일만이 쓸 데 있는 참이고
내가 떠올리는 잡념들은 모두 헛된 것일까
개꽃도 아름다움으로 기쁨을 주지 않는가
손을 잡거나 발을 맞추며 걷지 않아도 황홀하다
비탈진 계곡의 나무들조차
머리를 마주 보려고 기울어진 채로 서 있다

우리가 걷는 길의 시작과 끝은 같다
하지만, 오늘도 둘이 아닌 홀로 가는 길
그와 나는 영원히 그 만큼이다

시詩 2

백일 된 아이
엄마와 눈 맞추며 하는
옹알이

다래 넝쿨을 읽는 봄

사람들은 이제 세상 밖으로 나온
다래 순을 뜯어다 나물을 무쳤어요
떫고도 아린 맛은 두려움에 떤 때문 아닐까요
다래 넝쿨이 새순을 키우기 시작했을 때
순을 뜯기는 순간 진물을 뚝뚝 흘렸어요
다래 넝쿨은 고로쇠나무 꼭대기로 올라갔어요
고로쇠나무 꼭대기는 다래 넝쿨 세상이 되었어요
마음대로 순과 잎을 키우며 꽃도 피웠지요
해가 갈수록 굵어지는 다래 넝쿨
고로쇠나무 가지는 축 늘어졌어요
무성해진 잎으로 햇볕이 가려졌어요
다래는 그때 알았을까요
의도하지 않는 일이 누군가에겐 상처가 된다는 걸

당산堂山

음성 감곡면 오갑고개 마루에는 조각자*를 벼리던 삼백 살 된 주엽나무가 있다 그의 시간은 사구아로 파크**처럼 메마르고 척박할까

경고 한다 나를 건드리지 마라, 목소리가 들린다

온몸에 가시가 돋은 선인장을 닮았다 사막에서 수분 증발을 막으려고 잎이 가시로 변한 선인장처럼 그의 감정들이 가시로 변했을까 그와 나 사이엔 탱자나무보다 더 촘촘한 가시 울타리가 서성인다

마을을 떠난 후 화려한 미소 뒤에 언제나 날카로운 가시가 있다는 것을 알았다 가시가 돋친 말이 내 심장을 찔렀다 가시방석에 앉은 듯 좌불안석이었다 그때부터 내 몸에서도 셋가시가 돋았고 찔린 후에도 아프지가 않았다 그러니 가시는 가시를 불러와 더 큰 가시를 만든거다

가시에게도 입장이 있다 그의 입장에선 바깥을 향해 악다구니가 맺힌거다 그런데 가시 품은 나의 안쪽엔 가시만 있고 악다구니조차 없다

가시에 가시를 더해 보지만 오늘도 내 가슴엔 가시 찔린 피멍만 있다 눈물이 줄줄 흐르는데도 그에게 가까이 가지 못하고 패배자처럼 우두커니가 된다

*조각자 : 주엽나무 가시를 한방에서 부르는 이름

**사구아로 파크(Saguaro National Park) : 미국 애리조나주에 있는 국립공원. 메마른 사막으로 미국에서 가장 큰 선인장 군락지

고도에 갇히다

화요일이 되어도 폭설은 멈추질 않는다
마음속 고도를 찾아온 사람들, 모두 갇혔다
1m 넘게 쌓인 눈앞에서
본색은 오히려 선명해졌다

아들에게 고진감래를 보여 주려던 아버지는
고진 앞에서 주저앉았고
이혼의 위기를 극복하려던 사십 대의 부부
싸움의 깊은 골짜기에 푹푹 빠졌다
명예퇴직 신청하려던 오십 대의 남자는
등을 떠밀려 퇴출되는 꿈을 꾸었고
각오를 다지려던 취업준비생은
천왕봉에게 면접을 보고 있었다

대피소의 식량이 바닥나자
사람들은 모두 고도를 전부 내려놓았다
쌓이는 눈의 높이만큼 공복은 쌓여가고
내려 깔리는 한숨만큼 먹구름은 가까워졌다
까마귀 한 마리가 질문처럼 날아갔다
왜 무엇을 얻어가려 하십니까
대답은 각자의 몫이다

바람꽃

세 치도 안 되는 너도바람꽃이
눈처럼 하얀 꽃을 피웠어요
겨우내 얼어 있던 계곡
채 녹지 않는 자리
얼음덩어리 옆에서 꽃잎 파르르 떨고 있어요
왜 양지바른 곳 다 마다하고
골바람 솔솔 부는 높은 산 북쪽에서
여리디여린 꽃을 피우는 걸까요

닮은 꼴 때문일까요
바람을 좋아하는 습성 때문일까요
작지만 아류가 되긴 싫은데
이름이 너도바람꽃이라고 하네요
다른 이름을 지어 줄까요
삼월에 일찍 피니 삼월바람꽃이라 할까요
눈처럼 흰색이니 백설바람꽃은 어떤가요
내 속마음 읽었다는 듯 꽃잎 흔들어 주네요
너도바람이 사위고 나면
또 다른 바람이 연달아 불겠지요
변산바람 꿩의바람 회리바람 만주바람 나도바람 남바람
그리고 대청봉에 터 잡은 바람까지

실새삼

보라색 꽃이 활짝 핀 커다란 도라지 밭
실새삼의 기세는 등등했다
넝쿨이 어디서부터 시작했는지
어디까지 이어졌는지
시작도 끝도 알 수 없는 번식
대낮에도 거침없이 휘감고 목을 조여
질식사가 버젓이 눈앞에서 펼쳐졌다
줄기를 재빨리 잘라 끌어당기는데
먹이를 잡은 뱀처럼 도라지 목을 놓지 않는다
이대로 끌어당긴다면 어린 도라지마저 뽑혀 딸려올 태세
저녁노을 깔릴 때까지 고민하는데
아버지가 하던 말이 문득 떠오른다
토사자는 오자五子*중의 한가지로 새삼씨가 도라지보다 몇 배 비싸지 도라지 진액 빨아 먹고 자라서 약성이 훨씬 좋을 것이여,
그렇게 실새삼 씨앗을 거두리라 마음먹고 나니
눈앞에 풍경이 낙천적으로만 보이고
잔뜩 벼리던 생각이 봄눈 녹듯 사그라든다
조금 전부터 깔리기 시작한 시뻘건 노을도
핏빛이 아니라 온화한 낯빛이 되어 다가온다

*오자(五子) : 한방에서 오미자(五味子), 복분자(覆盆子), 구기자(枸杞子), 사상자(蛇床子), 토사자(菟絲子)를 이르는 말

천이遷移*

  내 마음이 자꾸 당신에게로 옮겨가는 것을 막을 수 없다
  나는 개척자
  당신은 불모지 혹은 황무지
  그러나 가장 순박한 광장
  나의 잡식성이 야금야금 뿌리를 내리기 시작한다
  나를 밀어내려고 몸살을 앓던 당신은
  얽히고설키어 한 몸이 되었을까
  아니면 방어벽을 포기했는가
  어느 틈엔가 모두를 끌어안고 틈 없이 뿌리를 채워 나가던 당신
  오히려 나에게 뿌리를 내리고 있다
  생명들은 봄부터 가을까지 앞 다투어 꽃을 피웠다
  꽃을 시샘이라도 하려는 걸까
  풀숲에 나무가 하나 둘 자라기 시작했다
  나무는 줄기를 키우고 무성해진 잎은
  새들을 불러 모아 노래했지만
  숲 그늘에 갇힌 풀꽃들은 하나둘 사라져 갔다
  줄기는 악착같이 열매를 매달았다
  뱀들은 이 풀숲 저 풀숲을 옮겨 다니며 이야기들을 휘감았다

그러나 당신은 광장을 잃고
하나의 태도에 몸서리쳤다
그러나 떠나야 할 것인가 토속이 될 것인가
아, 나의 집착이 당신의 집착이
서로에게 황홀하게 구속되는 걸 막을 수 없다

*천이(遷移) : 어떤 지역 내의 생물 군집이 오랜 시간에 걸쳐 생물의 종류와 수가 변해 가는 과정

얼레지

산 굽이굽이 넘어
당신 만나러 간다
언제쯤인지 까마득하여
어여쁜 얼굴이 가물가물 한데
길가 노린재나무 위로
사위질빵 덩굴이
내 마음처럼 얽혀 있었지

깊을 데로 깊어진 사월
나뭇가지 사이로 비추던 햇살에
꽃잎 여섯 장 살포시 말아 올린 얼레지
당신 얼굴 바라보듯 보고 또 보았다

얼레지꽃 닮은 당신
파란 입술에 검붉은 연지 바르고 기다릴까
비탈길 급히 오르느라
숨이 턱에 차도
꽃으로 마중 나온
당신 씀씀이가 다정해
숨 고를 여유도 없이 달려가네

은방울꽃

밤새 별이 놀다간
영롱한 이슬을 먹고
백옥같이 하얀 방울을 달았다
때 탈까 넓은 잎으로 차일치고
고개 내밀어 작은 종 울린다
나 좀 보아주세요
나 좀 보러오세요

산에 오르는 이유

산에 오름은
푸른 나무와 작은 꽃들과 숲의 향기가
내 안에 있어서

산에 오름은
계곡 물소리와 나뭇잎 스치는 바람 소리와 새들의 지저귐이
귀에 쟁쟁해서

산에 오름은
나도 너도 세상사 모두
잊을 수 있어서

방치와 망초

방치와 망초는 한 몸이다
방치가 사는 빈집에
망초가 순식간에 달라붙기도 하고
세입자처럼 이주해 오기도 한다
망초가 떼로 몰려든 묵정밭이나
길 가장자리 황무지엔
방치가 와서 함께 쑥쑥 자란다
망초 앞을 지나며 사진을 찍는 사람들의 눈엔
방치가 보이지 않는다
하지만 독거노인이 죽고
그의 아들이 와서
망초를 뽑아낼 땐 방치가 잘 보였다
먹어도 먹어도 망초는 배가 고프다
사람들이 게으르거나 바빠서 일을 못 할 때
방치가 살 수 있는 터가 생기고
망초는 방치와 더불어 한집에 산다

민들레

밤하늘에 빛나는 별을 보며
민들레는 꽃을 피웠어요
하늘을 날고 싶었거든요
날기 위해 뼛속을 비운다는 새처럼
줄기를 텅텅 비웠나 봐요
나비에겐 팔랑거리는 법을 배웠어요
꽃 속에서 부풀던 마음이 씨앗으로 전부 맺혔어요
멀리까지 내다보려고 허리를 곧추세우며
키를 두 배로 늘렸어요
하늘로 날려면 옆의 풀보다 높아야 해요
움츠렸다 멀리 뛰는 개구리처럼
거칠 것이 없어야 높게 멀리 날 수 있어요
하늘 높이 떠 있는 뭉게구름처럼
가볍게 도약할 수 있게 깃털을 둥글게 펼쳤어요
무작정 기다리던 바람을 만납니다
한 생이 여러 생을 낳아 떠나보냅니다
지나가던 아이들이 와~하고 소리쳤지만
난 홀로 남겨진 어머니만을 떠올렸습니다

제 4 부

종합병원

 오전 7시 분당서울대병원 1층로비 채혈실 앞 백오십 명쯤 되는 사람들이 모여있다 나는 6시 45분에 도착해 접수 표를 뽑았지만 대기 번호가 47번, 내 앞에 구십 명은 더 있다 수시로 바뀌는 번호판을 맹목적으로 바라보고 있는 종합병원 동지들

 나이 오십을 넘기면서 망가지기 시작한 이를 뽑고 임플란트 일곱 개를 심었다 치과에서부터 시작한 병원은 도미노처럼 진료과를 늘려가기 시작했다 녹내장 의심되어 1년마다 안과 진료, 전립선암 검사(PSA) 수치가 높아 2년마다 비뇨기과, 갑상선저하증으로 6개월마다 내분비내과, 역류성식도염으로 소화기내과, 단백뇨 수치가 높아 신장내과, 뇌경색 진단으로 3개월마다 뇌신경과 진료를 받는다 그것도 모자라 혈당과 당화혈색소 수치가 높다

 일주일 내내 알약을 삼키고 운동을 한다. 구차하지만 살기 위해서다

 내 몸속에 차린 종합병원은 언제쯤 폐업할까

소멸

어머니를 차가운 땅에 묻고 온 날
형수가 어머니와의 추억까지 소멸시키고 있었다
상여가 떠난 길머리에서 유품들을 모두 태우는 건
망자를 따라가란 뜻 말고도 또 있었을까
어머니의 체취가 밴 옷가지와 이부자리
댕댕이덩굴 걷어 손수 짠 종다래끼와
싸리나무 하얀 속살 쪼개 엮은 바구니
손때 묻어 반들반들 윤이 나는 애장품까지
전부 다 불 속에 던졌다
사람은 죽어도 관계는 끝까지 남아요
차마 그 말을 맺지 못했다
하늘에서 유난히 빛나는 별 하나를 보고
밤새 울었다

실험동물

폐암 말기로 2개월 밖에 못산다 했다
의사는 선택지를 내밀었다
치료를 하며 남은 시간을 연장할까
진통제를 삼키며 천천히 죽어갈까

실험동물이 되려고 울면서 청했다
마우스 래트 기니피그 모르모트 토끼 돼지
그리고 나를 포함한 말기 암 환자들이
모두 임상실험의 샘플이 되었다
온몸에 돋는 발진과 터질 것 같은 부종
서서 걷지 못하는 말초신경 마비
혹독한 부작용과 고통이 번갈아 찾아왔다

그러다 동물과 사람이 다르다는 것을 알았다
후회를 할 수 있다는 것이었다
남겨진 시간이 아까워
오늘 나는 실험실을 탈출했다
햇살과 바람과 꽃들의 숨소리가
생생하게 황홀하게 다가왔다

이석증*

고개를 돌려 천정을 보면 천정이 돌고
천정을 보다가 벽을 보면 벽이 돈다
곡식 타는 맷돌 돌아가듯 돌고
도자기 빚는 물레처럼 돈다
다람쥐 쳇바퀴처럼 돌고
영화관 영사기 필름 돌아가듯 돈다
놀이공원 회전목마처럼 돌고 롤로코스터 돌아가듯 돈다
돌고 돌고 돌다가 나도 팽이처럼 돌고
다람쥐가 돌고 영화관이 돌고 놀이공원이 돈다
땅이 돌고 산이 돌고 물이 돌고 바람이 돌고 구름이 돌고 하늘이 돈다
돌고 돌고 또 돌다보면
제자리로 와주면 좋으련만
땅과 산과 물과 바람과 구름과 하늘과 연결된 세상이 어지럽다
사람 많은 도시가 어지럽고 내가 어지럽다
어릴적 앓아누워 지내다 아버지 등 뒤에 업혀 동네 한 바퀴 돌때나
국민학교 하교 길 누나 등에 업혀 개울 건널 때 만났던 어지럼증과는 다르다

다정한 중심에 몸을 맡긴 흔들림
넘실대는 흙탕물이 어지러웠던 건
어지러운 게 아닌 어찔한 거였다
고개 돌려 옆도 보지 말고
앞만 똑바로 바라보면 멈추게 됩니다
의사의 처방은 간단했다
그런데도 그리움을 향한 증상은 사그라지지 않는다

*이석증 : 귓속 깊은 곳 반고리관 내부에 이석이 흘러 다녀 주변이 빙글빙글 도는 심한 어지럼 증

흑과 백

그녀가 하늘공원 장례식장 특실에서
검정 블라우스를 입고
하얀 국화꽃에 묻혀 웃고 있다

수술도 항암치료도 더는 안 된다는 결과에
마루타를 자원한다고 매달리기도 했지만
끝내 마침표를 찍고 말더니 흰 뼛가루가 되려 한다

언제나 하얀 박꽃같이 해맑았던 그녀
얼굴에 검은 그림자를 잔뜩 덮고 왔다
검던 머리는 백발이 되어 있었고
팔과 다리는 희나리처럼 변해 있었다

그녀는 밤에 잠을 잘 수가 없다고 했다
여름 납량특집 전설의 고향에서 나오던
검은 옷을 입은 하얀 얼굴의 저승사자가
문 앞에 서서 매일 밤 같이 가자고 했다며
식은땀을 자꾸 흘렸다
삶은 매 순간 흑과 백의 교차였다
흰 기억이 검은 기억으로 바뀌고 있었다
뼛가루를 그녀가 가장 좋아하던 저녁 강물에 뿌렸다

보시

시멘트 농로 위에
제법 큰 지렁이 한 마리 죽어 있다
사체 위로 개미들 새까맣게 달라붙어
지렁이 몸이 빠른 속도로 해체되고 있다
개미집이 있는 길옆 풀숲까지
말 줄임표가 이어지는데
죽은 지렁이 하고 싶었던 생략된 말은 무엇이었을까

달동네 지하 셋방에 사는 가난한 사람들처럼
어두운 땅속에서 살았으니
지렁이는 햇빛이 매우 그리웠을 테다
죽기 전에 볕이라도 실컷 쬐려 했던 것은 아닐까
독수리나 새에게 먹이로 주는
티벳의 천장天葬이나 조장鳥葬처럼
육신을 개미에게 보시하려는 것은 아닐까
누군가 옆에서 비가 와서 그래 집이 침수돼서 나온 거야, 라고 말해 주어도
난 왠지 보시하러 나온 것만 같다
죽음도 서러운데 해석까지 서러워서야 되겠는가

갈등

두 가닥을 한 방향으로 꼬면 새끼줄이 되고
세 가닥 이상을 한 방향으로 꼬면
새끼줄보다 튼튼한 밧줄이 되는 건 진리다

왜 서로 다른 방향으로 가려고 할까
애초부터 갈라질 운명이었나 보다
사사건건 서로 다른 생각을 했고
자존심을 앞세워 서로 지지 않으려 했기에
사소한 일에도 다툼은 계속됐다
그는 칡넝쿨처럼 왼쪽으로 가려 했고
나는 등나무처럼 오른쪽을 고집했다
연리지가 끝내 되지 못했다
두 사람을 고루 닮은 아이가 태어났다면
그 아이가 샴쌍둥이였다면
하나의 몸에 두명이 붙어 있어
당신과 또 다른 당신은 어떤 선택을 할까
수술을 해 분리를 한다면 한 명은 죽는다
분리를 안하면 같이 사는데 오래 못 산다
당신은 그럴 때도 또다시 갈등을 한다면
슬픈 두 가닥이다

동지 무렵

감나무
된서리에 잎 떨구고
까치밥 하나
푸른 하늘에 걸렸다
바람 한 줄기
빈 들 지나서
억새꽃 흔들다가
서쪽 능선을 넘어간다
흙 속에 있는 어머니
이젠 추우시겠다

싱싱하던 풀도
화려하던 꽃도
바람 따라가고
봉분 위로 눈이라도 내리면
오랜 잠 위에
겨울잠을 한 번 더 덧씌우겠다
그러다 문득 첫눈처럼
꿈에라도 찾아오시면 좋겠다
어느결에 내 머리 위에도
어머니처럼 백설이 내리고

고독한 개

고독한 개는 짖지도 않고
꼬리조차도 흔들지 않을까
네눈박이 검둥이가 그랬다

강아지 때부터 살던 호박밭
외딴 들판 오 미터쯤 되는 개울을 두고
시멘트로 포장된 농로가 마주하고 있었지만
검둥이는 건너오거나 떠나지 않았다
개울가엔 농기계와 산책하는 사람들이 오가고
호박밭 앞에선 길이 끊겨 더는 길이 없는데도 개의치 않았다
개주인은 사월에 호박 모종을 심어
하루에 한 번쯤 호박밭에 일하러 오는데
된서리가 내리기까지 매일 애호박을 땄다
검둥이의 시선은 일을 마치고 주인이 떠난 곳으로
호박넝쿨처럼 길게 벋어가는 것이었다
그래도 한 번도 짖거나 울지 않았다
근처 아파트에 사는 곱상한 개가
개울 건너 농로를 산책할 때도 부러운 듯 쳐다보기만 하고
어쩌다 사람이 지나가거나 경운기가 딸딸거리며 지

나가도
　그저 물끄러미 바라보다 고개를 돌릴 뿐이었다
　네눈박이 검둥이의 침묵은 마을의 명물이었다
　비굴하게 살지 않겠다는 의지
　고도高道를 맞본 사람처럼
　가끔 지나가는 구름만 올려다 봤다

가을 냉이를 캔다

나는 가을걷이를 끝낸 빈 밭에서
겨우내 요리해 먹을 냉이를 캔다

어머니는 나를 사십칠 세에 낳고
젖이 부족해 냉이 죽으로 배를 채워
굶지 않게 했다고 한다
무슨 음식이든 두세 끼만 거푸 먹으면 물리지만
늦가을부터 봄이 끝날 때까지
밥상에 올리는 냉이는 잘도 먹었단다

어머니가 우리 집에 오실 때마다
풀던 보따리 안에 있던 비닐봉지 속의 냉이
정갈한 어머니처럼
정갈한 봄 날씨처럼
깨끗이 다듬어져 있다
봄이 막바지로 치달릴 때
꽃이 하얗게 핀 동이 간초롬하게 담겨 있었다
냉이 꽃줄기를 먹는다는 것과
뿌리보다 더 부드럽다는 것도
냉이 된장국 한 그릇으로 알았다
혹독한 겨울을 이겨내려는 냉이

잎줄기를 납작하게 땅에 붙인 저 자세지만
꽃다지 노랗게 피는 봄이 되면
고개를 천천히 치켜들곤 한다
나를 살린 그 당당한 자세
나는 냉이의 기억이자 증언이다

코로나19 팬데믹 세상

얼굴이 있어도 얼굴이 없는
사람이 무서운 세상을 살고 있어요

눈에 보이지도 않고
형체도 없고 만질 수도 없는 것이
온 세계를 쥐락펴락 지배했어요

태풍보다 더 무서운 기세로
온 세계에 퍼진지 이년 육 개월

오억이천육백사십사만 명을 감염시켜
육백삼십만팔천오백 명의 생명을 앗아 갔어요

새로운 국경을 세우고
땅길 뱃길 하늘길 모두 막았어요

어머니가 확진 판정받고 치료센터로 이송될 때
보름만 지나면 오실 거니 치료 잘 받으시라 했어요
면회도 안되는 감옥 아닌 감옥에 갇혀
생이별을 할 줄 까맣게 몰랐지요

누구 하나 손잡아 주는 이 없는 곳에서
홀로 숨을 거두며 얼마나 무섭고 쓸쓸했을까요

하얀 뼛가루 되어 오시던 날
흰 눈도 하늘로 하늘로 올라갔어요

마침내 그곳엔 바이러스가 점령한 무서운 계절은 없겠지요

밤바다

눈빛으로
이야기하던 행복
다시는 오지 않을 시간
파도가 그리는 포말을 따라
섬광처럼 어둠 속으로 흘러가던
안개와 같이 밝아오던 서해의 밤바다

바람은 피리를 불고
파도는 들릴 듯 말 듯
때론 큰소리로 드럼을 쳤다
갯벌의 생명들이 코러스를 넣고
사람들은 밤새도록 노래를 불렀다

버리려고 던지면 던질수록
부메랑처럼 돌아와 가슴에 꽂혀
심장을 갈가리 찢어 바다에 헹궜다
검은 피로 까맣게 물든 바다 수면 위로
오뚝이처럼 일어서는 눈이 시리도록 하얀 얼굴

갈매기 울음소리에
새벽안개 피어나는 바다

파도가 떠내려가는 썰물을 따라
손 꼭 잡고 무작정 무인도로 가고 싶다
잡을 수 없고 이루지 못하는 사랑과 함께

추모의 방식 1

1호선 전철 석계역 앞 월계동엔
용미리에 버리고 온 어머니가 있다

새에게 먹여야 높이 날아간다고
나 죽거든 백골을 고슬고슬한 찰밥에 버무려
지아비 보냈던 산꼭대기에 뿌려 달라 했는데
지금쯤 어머니는 어느 새와 더불어
어느 쪽 허공을 껴안고 있을까

장석시장 귀퉁이 시래기 미역줄기 팔고
시멘트 포대 잘라 종이봉투 붙이던
월계동 마당발 억척 아지매
동네 대소사 온갖 참견하고
씩씩하게 휘젓고 다니던
장위동 터줏대감

전설처럼 살아서 살아서
식솔들에게 구전되고 있으니
나는 하늘만 보면 뜨겁고
새만 보면 괜히 눈물이 난다

추모의 방식 2

  경기도 파주시 조리읍 장곡리 산 61-1번지 서울시립공원묘지에는 아버지 어머니가 가슴속에 살고 있다 어머니는 아버지 산소를 없앤 후 새와 나무와 풀과 벌레와 살아야 한다며 화장해 산꼭대기에 뿌렸고 나도 엄마가 했던 것처럼 찰밥 고슬고슬하게 지어 엄마를 날려 보냈다

  매년 그 때만 되면 그 산꼭대기를 오른다 아버지가 좋아하던 소주를 먼저 챙긴다 안주는 산속에 지천이니 어머니가 좋아하던 옥수수를 쪘다 산을 오르는 길옆에 빼곡하던 묘지들이 무연고가 되어 풀만 무성하게 자라있다 찾아오지 않을 거면서 좌표는 왜 남겼을까 숨이 턱에 찰 때쯤 아버지가 십 오 년 동안 누워있던 곳에 다다랐다 봉분이 있던 곳이 흔적조차 보이지 않게 풀과 잡목이 무성하다 어디서 날아와 나무로 자랐는지 아까시나무가 굵어져 하얀 꽃을 주렁주렁 달고 있다 엄마의 향기가 났다 이곳저곳이 좌표가 되어 아버지 어머니가 자유롭게 살고 있다

  산길을 내려오면서도 누가 나를 보고 있는 것 같아 자꾸 뒤를 돌아보았다

뻐꾸기가 우는 이유

덕평공룡수목원 전나무 꼭대기에서
한 달 내내 뻐꾸기가 운다
키만 멀쑥하고 듬성듬성 난 가지
잎도 무성하지 않으니 아래쪽을 살피기가 좋다

매처럼 예리한 눈은
개울가 마른 갈대숲과
하얀 꽃 덮였던 조팝나무 덤불 속
탁란할 딱새와 붉은머리오목눈이의 둥지를 찾으며
새들을 홀리려는 것일까

같은 자리에서 음흉스럽게 우는 것은
배 속에 있는 알이나
갓 태어난 뻐꾸기 새끼에게
꼭 너 혼자 살아야 한다는 태교일까

낮에 뻐꾸기 울던 어스름 저녁
보리샘골 숙자네 집 돌담 밖에서
까치발에 목 길게 빼고
건넌방 문 눈이 빠지도록 바라보며
문 열리길 고대하며 흉내 냈던 그 소리

뻐꾹 뻐꾹 뻐꾸욱
뻐꾹 뻐꾹 뻐꾸욱

해설

농경적 상상력, 혹은 삶과 죽음이 함께 하는 자연
―― 조남걸 시집 『해바라기 씨앗은 몇 개일까?』에 나타난 시세계

황치복(문학평론가)

1. 자연과 부모, 혹은 삶의 근거이자 이유

　2020년 ≪열린시학≫ 신인상을 수상하며 시단에 등장한 조남걸 시인의 처녀 시집이다. 자연과 농경을 주제로 한 가지런하고 정갈한 시상의 전개와 자연 친화적인 시적 태도, 그리고 삶과 죽음이 평화롭게 공존하는 조남걸 시인의 첫 시집은 고즈넉하고 그윽한 풍경을 보는 것처럼 마음의 평정을 이루게 한다. 씨를 뿌리고 생장을 돕고 열매를 거두는 농경적 상상력이 시집을 지배하고 있으며, 봄, 여름, 가을, 겨울이라는 계절의 순환에 대한 예민한 감각이 번뜩이고 있는 이 시집은 다소 진부할 것 같은 상상력과 주제를 다루고 있음에도 불구하고 전혀 구태의연하다는

느낌이 없고 오히려 참신하고 산뜻하다는 인상을 준다.

4차 산업혁명의 시대, 그리고 인공지능의 시대에 자연의 흐름에 몸을 맡기고 그것과 한통속이 되어 전통적인 삶의 방식을 구가하는 이 시집의 시편들이 참신한 느낌을 주는 것을 무슨 연유일까? 작품을 읽어가면서 찬찬히 살펴볼 것이지만, 미리 당겨 말한다면 그것은 아마도 타자들의 삶에 대한 관심, 그리고 그것들과 어울려서 하나의 공동체를 이루려는 덕성, 혹은 삶과 죽음이 삶의 자장 안에서 아름답게 공존하는 공감(sympathy)의 모습 등이 자아내는 이웃에 대한 환대와 위로의 시정신 때문일 것이다. 시인은 지구의 한 켠을 공유하고 있는 뭇 생명들과 사물들, 그리고 그것들이 내포하고 있는 시간과 공간이 함축하고 있는 품격에 대해서 사유한다. 그리고 그것들이 자신의 삶과 거미줄처럼 연결되어 있는 연관 고리를 발견하고 만다라와 같은 인연과 관계의 그물망을 관조한다.

이러한 공동체적 사고가 시인의 가장 중요한 시의식을 차지하고 있는데, 공동체적 사고방식은 인간 중심적인 생각을 벗어나 우주의 차원으로 확대되어 있다. 그래서 시인의 시적 상상력은 신화적 영역으로 승화되기도 하고, 죽음의 세계로 틈입하기도 한다. 이러한 시적 상상력의 확대와 심화로 인해서 시인의 시편들은 단순한 농경적 생활방식에 머무는 것이 아니라 생명의 근원이라든가 생명의 화음(和音), 혹은 세계를 이루는 명암과 음영(陰影)을 포착하여 보여준다. 이로 인해서 시인의 시편들은 정신적 풍요로움을 보여주게 되는데, 이러한 면면들이 모여서 농경적 상상력과 전근대적인 사유 방식을 견지하고 있으면서도 오래된 미래로서의 우리의 앞날을 시사해줄 수 있게 되는 것이다. 시인의 시적 사유가 펼쳐지는 과정을 찬찬히 살펴볼 것이지만, 우선 자연에 대한 시편들을 통해서 시인의 새로운 자연관을 읽어보자.

> 혹여 봄이 오다가 여름이 될까
> 히어리꽃이 노란색 봄을 표절하고 있다
> 꽃밭에서 어머니는 망각을 표절하고
> 아버지는 무덤 속에서 소멸을 표절하고
> 나는 어머니가 그렇게 싫어했던 아버지를 표절했다
> 느릿느릿한 말씨와 헛기침 소리
> 구부정한 자세로 걷는 팔자걸음
> 나이 들수록 넓어지는 대머리
> 당뇨에 고혈압 고주망태가 되는 술버릇까지
> 표절이 넘쳐난다
> 그러나 표절할 게 남아 있다는 건
> 모두 살아 있다는 거다
> 나는 오늘 숲을 거닐며 숲을 표절한다
> 나방과 나비 그들의 애벌레
> 풀무치 여치 사마귀 그리고 이구아나
> 전부 내 안으로 뛰어든다
> 그런데도 저작권은 따지지 않는다
> 스스로 원본인 자연
> 그것은 가장 사랑스러운 허용이다

―「표절」 전문

 표절이란 물론 다른 사람의 저작물의 일부나 전부를 몰래 가져다 쓰는 행위를 말하는데, 윤리적으로 바람직하지 않은 행위로 간주된다. 그런데 이 시에서 표절은 자연의 운동 원리나 존재의 원리로 제시되어 있다. 표절은 다양한 존재자들이 서로 영향을 주고 받으며, 상호 작용의 거대한 그물망을 이루는 자연의 원리로 작용하고 있는 것이다. 먼저 히어리꽃은 "노란색 봄"을 표절하고, 어머니는 "망각"을, 그리고 아버지는 "소멸"을 표절한다. 그러니까 노란색 봄이라는 계절이라든가 망각, 그리고 소멸 등의 현상이나 속성들은 자연이 마련한 것이다. 아리스토텔레스의 개념처럼 자연은 '자신 안에 운동과 변화의 원리를 가진 것'으로서 자족적으로 존재하며, 그 안에서 깃들어 살아가는 뭇 생명들은 자연의 피조물로서 그러한 자연을 원본으로 삼아서 표절하면서 존재하는 것이다. 그래서 시인은 자연을 "스스로 원본인 자연"이라고 규정하고 있는데, 이때 원본으로서의 자연은 뭇 생명들이 그것을 본으로 삼아서 모방하고 표절하는 근원이자 원천이 되는 셈이다.

 아버지의 성격이나 체질, 그리고 형상 등의 형질이 그 자손에게 전달되는 유전 현상은 자연의 핵심적인 원리 가운데 하나이다. 생명체가 자신의 유전자를 복제하여 이 자연계 속에 남기고자 하는 욕망은 가장 근원적인 욕망에 속하기 때문이다. 따라서 시적 화자가 아버지의 말씨와 헛기침, 그리고 팔자걸음과 대머리 등을 표절하는 것은 지극히 당연한 것이며, 자연의 순리에 해당된다. 그런데 시적 화자는 "숲을 거닐며 숲을 표절하"기까지 한다. 시적 화자는 "나방과 나비 그들의 애벌레/ 풀무치 여치 사마귀 그리고 이구아나"를 표절한다고 고백하는데, 이러한 표절 행위를 "전부 내 안으로 뛰어든다"고 표현한다. 이때의 표절이란 단순히 타자를 모방하는 것이 아니라 그것에 동화되어 일체가 되는 현상을 지칭한다. 흔히 쓰는 물아일체(物我一體)의 경지를 말하는 것이며, 물아일체란 곧 타자와 자아가 공감과 화음의 하모니를 이루는 경지를 시사한다.

시인은 자연의 성격을 좀더 분명히 하기 위해서 "표절할 게 남아 있다는 건/ 모두 살아 있다는 거다"라고 하거나 "그것은 가장 사랑스러운 허용이다"라는 경구를 삽입해 놓고 있다. 모든 살아 있는 것들은 표절로 인해서 생존할 수 있다는 것, 그러니까 원본인 자연에 깃들어 살아야만 한다는 것, 따라서 자연은 모든 생명들의 근원으로서의 신적인 속성을 지니고 있다는 것, 그 가장 핵심적인 속성은 바로 사랑이라는 것 등의 메시지를 함축해 놓고 있는 것이다. 농경적 상상력에 의하면 뭇 생명들에게 일용할 양식을 제공하는 것이 자연이기에 그것은 먹고 입히는 부모와 같은 것이며, 부모이기에 그것의 원리는 사랑일 수 있을 것이다. 시인의 시편들이 자연에 대해서 한없는 감사와 경탄의 정동으로 가득 차 있는 근본적인 원인이 이러한 자연관에 있을 것이다. 다음 작품은 자연이 곧 아버지임을 표나게 강조한다.

할아버지의 이마를 닮은 벌거숭이 산에
아버지는 모발을 이식하듯 나무를 심었다

나무들이 자라 숲이 되었지만
아버지가 떠나고
숲에선 버스킹이 날마다 열렸다

큰 나무 아래 작은 나무
작은 나무 옆에 야생초
무대는 싱그러웠다
큰 나무 위는 새들이 터를 잡았고
작은 나무 위엔 매미가 자리 잡았다
여치와 귀뚜라미는 야생초 속에 있었다
느긋한 태양과 지나가는 바람과
아는 사람만이 초대 받았다
어느 날은 물웅덩이에서
개구리가 떼창을 불렀고
어떤 날은 고라니가 추임새를 넣었다
아버지는 어디에서 듣고 계실까
하늘에서 듣던 땅에서 듣던
최고의 연출자는 아버지였다
  　　　　　　　　　　—「숲 그리고 버스킹」 전문

 하늘과 땅과 물에서 이루어지는 화음과 화답이 아름답게 펼쳐지고 있다. 큰 나무와 작은 나무, 그리고 야생초가 조화롭게 자리잡고 있고, 또한 그러한 환경에 적합한 새와 매미와 귀뚜라미가 자리를 잡고서 각각의 목소리를 내고 있다. 물속에서는 "개구리가 떼창을 부"르고 "고라니가 추임새를 넣"기도 한다. 관객도 있는데, "느긋한 태양과 지나가는 바람", 그리고 "아는 사람"들이 그들이다. 지상과 천상에서 펼쳐지는 이러한 길거리 공연은 부족할 것이 하나 없고, 부조화와 갈등이 하나 없는 완벽한 하모니를 보여주고 있는데, 이러한 구도는 물론 낭만주의적 이상향에 가까울 것이다. 따라서 여기에서 펼쳐지는 자연의 모습은 낭만주의적인 유기체적 자연관에 가깝다.

그런데 이러한 모든 현상들은 "할아버지의 이마를 닮은 벌거숭이 산에/ 아버지"가 "모발을 이식하듯 나무를 심었"기 때문이고, 그 "나무들이 자라 숲이 되었"기 때문이다. 그러니까 숲이 모든 사태의 원인이 되는 셈인데, 원인의 원인으로서 그 궁극적 원인에는 아버지의 존재가 자리잡고 있다. 아버지의 혼과 백은 하늘과 땅에서 그 공연 소리를 듣고 있으며, 그 "최고의 연출자는 아버지였다"는 진술에서 알 수 있듯이 이 공연의 모든 것을 기획한 분은 아버지였기 때문이다. 그러니까 자연은 조화와 화음으로 유기적인 총체성을 실현하고 있으며, 이러한 총체성 실현의 근원이 아버지라는 점에서 아버지는 자연의 원리를 체현하고 있다고 할 수 있다. 아버지는 자연의 순리에 따라서 생을 영위했으며, 그러하기에 아버지와 자연은 사실 분리될 수 없는 하나로 연결되어 있는 셈이다. 자연에서 삶의 도리를 발견하고, 그 도리에 순응해서 살아갔던 우리 조상의 성리학적 세계관을 연상할 수도 있는 시적 구도이다. 다음 작품은 자연의 어원인

그리스어의 피시스(physis)가 지닌 개념, 즉 스스로 생기고, 성장하고, 쇠퇴하고, 죽는 것 일반으로서의 자연의 개념이 선명히 드러난다.

> 용문산 북쪽 7부능선 골짜기에서
> 군락이 군락을 만나 봄의 서사를 서두른다
> 스스로 생의 중심이 되어
> 각자만의 황홀을 한꺼번에 피워 올리고 있다
> 굴뚝새의 추임새가
> 바위틈 사이 흐르는 물소리에 얹혀 오고
> 산맥을 넘어온 바람 솔잎 스치는 소리에 놀라
> 겨울잠 자던 처녀치마 고물고물 꽃줄기 키운다
> 젖가슴 붉은 실핏줄 닮은 큰괭이밥 꽃잎 눈부시고
> 쓸쓸하지 않게 홀아비바람꽃 무리지어 춤춘다
> 바람결에 스치는 달콤한 향기는 어느 꽃이 띄워 보낸 추파일까
> 꿩의 다리를 닮은 꿩의바람꽃
> 고양이 눈을 닮은 괭이눈
> 너만 바람꽃이냐, 외치는 나도바람꽃
> 모두들 제 본색 드러내며 봄의 클라이맥스를 향해 치닫는다
> 어디선가 멸종된 줄 알았던
> 모데미풀 꽃잎 피워 올리는 소리가 들린다
> 천천히 아주 천천히,
> 볕뉘 좋은 날
> 꽃잎 다섯 장 피우는 속도가 빠르다
> 나무줄기 사이로 쏟아지는 햇빛 문질러 곱게 화장하고
> 이슬 발라 살포시 꽃 잎 세운다

가만히 내버려 두면 식구 늘리고
　　각자 도생(圖生)하며 저리도 잘 살고 있다
　　꽃 무리는 저 스스로 살으라 두고
　　추파 보내는 또 다른 꽃이나 살금살금 찾아볼까
―「자생自生」 전문

시의 공간이 되는 "용문산 북쪽 7부능선 골짜기"는 하나의 소우주로서 삼라만상의 중심지이며, 뭇 생명의 향연이 펼쳐지고 있는 무대이기도 하다. "봄의 서사"라는 표현이 저간의 사정을 암시하고 있는데, 봄날을 맞아 펼쳐지는 버스킹에 대해서 시인은 "스스로 생의 중심이 되어/ 각자만의 황홀을 한꺼번에 피워 올리고 있다"고 진술하고 있다. '황홀'이라는 시어 속에 생명의 내부적 약동과 외부의 경외심이 모두 함축되어 있다. 생명의 향연에 전주곡으로 등장하는 것이 "물소리"와 바람 소리이며, 그러한 배경을 토대로 해서 처녀치마, 큰괭이밥, 홀아비바람꽃 등이 생의 기운을 분출한다.

생명의 향연에는 표절이 잠재되어 있기도 한데, 꿩의바람꽃은 꿩의 다리를 표절하고 있고, 괭이눈은 고양이 눈을, 나도바람꽃은 바람꽃을 모방하고 있기도 하다. 유기적 자연관의 원리인 유비의 논리가 통용되고 있는 셈이다. 이러한 자연 속에서 멸종이란 어울리지 않는 일이며, 그러하기에 "멸종된 줄 알았던/ 모데미풀 꽃잎 피워 올리는 소리가 들리"는 것은 지극히 당연한 일이다. 표절이든 부활이든 모든 생명체들은 봄날의 시간에 맞는 행보를 보여주고 있는데, 이러한 모습을 시인은 "각자만의 황홀"

이라든가 "봄의 클라이맥스"라고 하면서 역동적인 생명의 극치를 강조하고 있다.

그런데 더욱 중요한 것은 봄날 생명의 향연에 대해서 시인이 "모두들 제 본색을 드러내"고 있다는 구절이나 "가만히 내버려 두면 식구 늘리고/ 각자 도생(圖生)하며 저리도 잘 살고 있다"는 표현이다. 자연은 스스로 생기고, 생장하고, 번성하는 것을 본성(nature)으로 지니고 있음을 강조하고 있는 대목인데, 저절로 나서 자라는 것을 의미하는 "자생(自生)"이라는 제목도 이러한 자연의 본성을 적절하게 함축하고 있다. 그러니까 자연이란 인위적인 개입 없이 자족적으로 존재하며, 생명력을 지니고 스스로 생성 발전하는 메커니즘이라고 할 수 있으며, 자신만의 고유한 개성을 발현하고 번성하는 특징을 지니고 있는 셈이다. 조남걸 시인의 자연관이 우리의 전통적 자연관을 복원하고 있는데, 이러한 자연관이 이성적 파악이 아니라 몸을 통한 체현의 언어에 의해서 포착되고 있는 점이 감동을 자아낸다. "꽃 무리는 저 스스로 살으라 두고/ 추파 보내는 또 다른 꽃이나 살금살금 찾아볼까"라는 시의 마지막 구절은 자연과 교감하며 부름에 화답하는 시인의 모습을 드러내고 있는데, 이러한 장면이야말로 자연 속의 일부로서 순리에 따라 살아가는 시인의 삶의 태도를 함축하고 있다.

2. 언어와 상징, 공동체적 언어로서의 우주목(宇宙木)

　조남걸 시인의 낭만주의적 세계관에 기반을 둔 유기체적 자연관과 유비적 성격, 그리고 자생적인 성격 등에 대해 알아보았다. 조남걸 시인이 구축한 자연관이란 전통적인 자연관의 계승이자 심화라고 할 수 있으며, 자연 속에 깃들어 살아가는 생명들의 향연에 대해 심취하고 있다는 점에서 물아일체의 자연관도 확인할 수 있었다. 그리고 자연의 일부로서 자연의 이치에 순종하면서 살아가는 순리로서의 인생관도 포착할 수 있었는데, 이러한 자연의 모습은 시인이 몸소 체현하고 있다는 점에서 몸으로 파악한 자연관이라 할 수 있다.

　그런데 더욱 주목되는 점은 자연이 단순한 천지(天地)나 만물(萬物)로서의 자연에 국한되지 않고 저 프랑스 상징주의자들의 시각처럼 하나의 언어이자 상징이기도 하다는 점에서 그 깊이를 가늠할 수 있다. 조남걸 시인의 자연이란 단순히 존재하는 사물의 세계가 아니라 역사와 문화, 관습들을 함축하고 있는 거대한 기표의 체계이기도 하다는 점에서 그것은 상징으로 도약하고 있는 것이다. 그런데 상징주의자들의 관점과 달리 조남걸 시인의 자연적 상징은 공동체적 의식과 문화를 표상하고 있다는 점에서 동양적이며, 시인의 독자적인 영역이기도 하다.

　　묵언수행을 하는 것도 아니고
　　실어증을 앓는 것은 더더욱 아닙니다
　　살아온 세월만큼 할 말도 많을 텐데

왜 나이가 많아질수록 말은 적어질까요

천년을 산 은행나무의 말은 모두 상징으로 나타납니다
부드럽게 펼쳐진 잎은 따뜻한 속삭임이고
성근 그늘은 개미와 새와 사람을 위한 배려입니다
주렁주렁 열린 열매는 나눔이라는 말 같고
양각과 음각으로 새겨진 껍질은 굵고 투박한 사투리 같습니다
땅 위로 드러난 뿌리에선 깊은 내면의 울림까지 들립니다
깊게 파인 옹이와 부러진 가지는
한자리에서 버티며 겪은 역사의 증언입니다

—「말」부분

"나이가 많아질수록 말은 적어지"는 현상은 하나의 역설이라 할 만한데, 말할 내용이 더욱 풍부함에도 불구하고 정작 말은 적어지기 때문이다. 이러한 논리로 본다면 "천년을 산 은행나무"는 할 말이 너무 많아서 오히려 침묵하고 있는 셈인데. 은행나무의 침묵을 시인은 하나의 상징으로 해석한다. 은행나무는 말을 하는 것이 아니라 상징의 매개체(vehicle)을 통해서 취의(tenor)를 함축하는데, 이를테면 "부드럽게 펼쳐진 잎"은 "따뜻한 속삭임"의 기의를, 그리고 "성근 그늘"은 "개미와 새와 사람을 위한 배려"라는 함의를 내포하는 식이다. 또한 "주렁주렁 열린 열매"는 "나눔"을, 그리고 "양각과 음각으로 새겨진 껍질"은 "굵고 투박한 사투리"을 의미하며, "땅 위로 드러난 뿌리"는 "깊은 내면의 울림", "깊게 파인 옹이와 부러진 가지"는

"한자리에서 버티며 겪은 역사의 증언"이라는 내포적 의미를 지닌다.

그러니까 천년의 세월을 산 은행나무는 하나의 거대한 상징물로서 많은 민족의 신화에 등장하는 세계수(世界樹), 혹은 우주목(宇宙木)과 같은 역할을 담당하는 존재라고 할 수 있다. 그것은 인간과 생명의 다양한 덕목과 속성을 상징하고 있는데, 시인은 유독 배려라든가 나눔, 혹은 내면의 울림과 같은 윤리적 함의를 읽어내고 있다. 이러한 점이 바로 시인의 윤리적 충동을 대변하고 있는 장면이기도 한데, 더욱 주목되는 대목은 천년의 은행나무가 "역사의 증언"이라는 상징적 덕목을 지니고 있다는 점이다. 역사의 증언으로서의 은행나무가 "깊게 파인 옹이와 부러진 가지" 등을 지니고 있다는 점에서 그것은 파란과 곡절을 내포하고 있으며, 시간의 시련과 굴곡을 견뎌내 온 우리 민족의 공동체적 삶을 대변해주고 있다. 은행나무라는 자연의 생명체는 단순히 식물로서 자연의 일부를 이루는 구성물에 불과한 것이 아니라 한 민족의 파란만장한 서사를 내포하고 있는 상징물이 되는 셈이다. 자연이 단순한 생명이 아니라 어떤 공동체의 삶의 과정을 대변해줄 수 있다는 점에서 그것은 문화적 유전자를 포괄하는 상징인 셈이다. 역시 동일한 상상력이 투영되어 있는 작품을 한 편 더 읽어보자.

동네 어귀 오백 년을 지켜온 당산나무에게
무엇을 좋아하느냐고 물었다
삼월 삼짇날 돌아오던 제비

보리밭 위로 높이 나는 종다리

논두렁에서 우는 뜸부기

찔레나무에 앉아 노래하는 휘파람새

속 빈 느티나무 꼭대기 슬피 우는 소쩍새

흙탕물에 뛰어오르는 송사리 떼

미루나무 위 억척스레 울어대던 매미

비 오는 마당 배 키우며 울던 맹꽁이

여름밤 움직이는 작은 별 반딧불이

비췻빛 하늘에 나는 고추잠자리

책보 메고 뛰던 눈망울 초롱초롱하던 아이들

나무 밑 평상에 모여 수다를 떨던 아낙들

농사 일하러 오가다 그늘에 들러 허리를 폈던 농부들

내 앞 지날 때마다 머리 조아리던

능머루댁 말마리댁 송림댁 방축골댁 비선거리댁 바위안댁

보습고지댁…

—「밀담」부분

　여기서는 "동네 어귀"에서 "오백 년을 지켜온 당산나무"가 시적 대상이 되고 있는데, 당산나무 역시 오백 년의 세월 동안 한 마을의 공동체적 삶의 모습을 지켜봐 왔다는 점에서 집단적 삶에 대한 역사의 증인이라 할 만하다. 그것이 지켜봐 온 것들은 인간에 국한되지 않는다. "삼월 삼짓날 돌아오는 제비"를 비롯하여 종다리, 뜸부기, 휘파람새, 소쩍새와 같은 조류, 그리고 매미라든가 반딧불이, 고추잠자리와 같은 곤충들, 송사리떼와 같은 물고기, 맹꽁이와 같은 양서류 등의 다양한 생물군들이 포괄되어 있다. 그리고 아이들이라든가 아낙들, 농부들 등의 인간의 삶을 지켜봐 왔는데, 이러한 점에서 당산나무는 마을의 자연사와 인간사를 아우르는 역사의 증인이기도 한 셈이다.

주목되는 대목은 인용된 부분의 마지막 부분에 제시되어 있는 "내 앞 지날 때마다 머리 조아리던/ 능머루댁 말마리댁 송림댁 방축골댁 비선거리댁 바위안댁/ 보습고지댁…" 이라는 구절이다. 당산나무를 보고서 머리를 조아리던 모습은 주술적 사고방식을 유지하고 있던 전근대적 샤머니즘의 잔영을 읽을 수 있게 하는데, 이러한 구도는 자연과 운명의 힘을 믿고 의지하던 순수한 농경적 삶의 문화를 엿보도록 한다. '능머루댁'부터 끝도 없이 나열되는 아낙들의 기원의 모습들은 농촌 공동체의 순박하고 토속적인 모습과 함께 자연과 분리되지 않았던 목가적인 삶의 모습을 시사하고 있다. 사실 '제비'로부터 이어지는 무수한 생명들의 이름들은 인간이 특권화된 존재가 될 수 없음을 상정하고 있는데, 이처럼 인간과 자연이 하나의 공동체를 이룰 수 있었던 관점의 전환은 바로 "당산나무"의 눈으로 세계를 바라보았기 때문이다. 당산나무의 시각에서 보면 제비든 송사리 떼든, 혹은 아낙들이든 농부들이든 그들은 모두 동등한 가치를 지니면서 동네의 공동체적 삶을 구성하는 일부분으로서 존립하게 되는 것이다. 결국 당산나무는 오백 년 동안 마을의 온갖 생명체들이 그들의 삶을 일구어온 역사를 지켜봐 온 산 증인으로서 공동체적 역사의 증언이기도 한 셈이다. 자연과 인간의 동화 현상은 조남걸 시인의 시적 상상력에서 특별한 일이 아닌데, 이러한 현상은 다음 시에서 예외는 아니다.

    경기도 이천시 율면 오성리 675번지에는
    사백 년 된 느티나무가 있다
    천둥번개가 요란하던 여름날 밤
    벼락을 맞아 둥치 일부 껍질만 남기고 쪼개져 넘어졌다

    나무 밑 그늘이 사랑방이 되었다가
    쉼터가 되었다가 놀이터가 되었었다
    어른들은 사랑방을 잃고
    지나는 길손은 쉼터를 잃고
    아이들은 놀이터를 잃었다

    그늘이 준 것을 전부 도둑맞았다
    박새와 소쩍새는 집을 통째로 도둑맞고
    나는 어릴 적 추억을 도둑맞고
    마을 사람들은 대동大同을 도둑맞았다

    뇌경색으로 왼쪽을 쓰지 못하는 할아버지
    자기를 닮았다며 남아있는 나무둥치를 매일 어루만졌다
    할아버지의 염원이 통했을까
    껍질을 뚫고 새 가지가 났다
    나무는 더 큰 잎을 피워 그늘을 만들기 시작했다
    이십 년이 지난 지금
    할아버지는 없지만 다시 평상을 놓아야겠다
                            —「환생한 느티나무」 전문

이 시의 시적 대상이 되고 있는 "경기도 이천시 율면 오성리 675번지에" 있는 "사백 년 된 느티나무"는 북구 신화에 등장하는 세계수로서의 '이그드라실'이라고 할 수 있다. 북구 최고 신인 오딘이 심었다고 하는 물푸레나무인 이그드라실은 아스가르드를 비롯한 아홉 개의 세계를 품고 있는데, 그 속에는 신과 요정, 인간들이 서로 다른 영역에서 거주하고 있다고 한다. 마찬가지로 경기도 이천시 율면 오성리의 느티나무는 어른들에게는 "사랑방"이라는 세계를 제공했으며, 지나는 길손들에게는 "쉼터", 그리고 어린이들에게는 "놀이터"라는 공간을 제공했다. 오성리의 사람들에게 느티나무는 하나의 세계수로서 다양한 세계와 공간을 제공하고 있었던 것이다.

느티나무는 이뿐만 아니라 박새와 소쩍새에게는 "집"을 제공하고 있었고, 시적 화자에게는 "어릴 적 추억"을, 그리고 마을 사람들에게는 "대동(大同)"을 제공했는데, 마을 사람들에게 대동을 제공했다는 시적 진술은 주목을 요한다. 서로 화합하면서 번영을 누린다는 대동(大同)은 곧 조화로운 공동체적 삶을 함의하고 있기 때문이다. 그러니까 오성리의 느티나무는 마을 주민들에게 다양한 세계를 가능케 한 세계수로서 기능하면서 자족적이고 충만한 공동체적 삶의 토대가 되어 주었던 것이다. 따라서 벼락을 맞은 쪼개진 느티나무는 마을 주민들에게 세계의 상실이자 대동의 붕괴를 의미하는 참사라고 할 수 있다.

그런데 "뇌경색으로 왼쪽을 쓰지 못하는 할아버지"가 동병상

련의 심정으로 나무둥치를 매일 어루만지자 놀랍게도 그것이 부활한다. "껍질을 뚫고 새 가지가 나"면서 더 큰 "그늘을 만들기 시작"한 것이다. 시적 화자는 "다시 평상을 놓아야겠다"라고 하면서 다양한 세계와 대동의 복원을 시도하는데, 이러한 시적 구도를 보면 느티나무가 세계수로서 마을 주민들에게 삶의 터전을 제공해주던 신화적인 나무라는 것이 분명해진다. 그리고 시적 논리에서 할아버지의 연민과 동정, 공감의 정동이 그 나무를 살려냈다는 점에서 인간과 식물의 교감과 공감이라는 신화적 세계관도 엿볼 수 있다. 조남걸 시인의 자연관이 신화적 세계로 통하고 있는 장면을 엿볼 수 있거니와 여기서 좀더 나아가면 삶과 죽음이 어우러지는 자연의 관념으로 다가가게 된다.

3. 삶과 죽음이 공존하는 자연

해바라기 씨앗의 개수를 세어 보았나요
달덩이 같은 얼굴로 오직 해만 바라보며
바둑판처럼 열 지어 영글어가는 열매를

나 어릴 적 아버지처럼 큰 키로
까치발을 하고도 보이지 않던 돌담 너머
골목과 지나는 사람들 잘도 넘겨다 보았지요
해바라기에서 배운 건 말없이 지켜보는 것
형들이 도시로 나가고

좋아하던 이웃집 여자애가 이사를 가도
묵묵히 지켜보기만 했었지요
그런데 할머니의 상여가 나갈 때는
지켜보지 못했어요
눈물이 하고 싶은 말이 많았어요
그런 내 모습까지 해바라기는 또 지켜보았지요
모든 것을 저장한 씨앗이 맺혔어요
그래서 해바라기 씨 알갱이가 몇 개인지 세고 싶어져요
개수를 세다 보면 어디까지 셌는지
셀 때마다 헷갈리곤 해서 끝까지 셀 수 없었어요
해바라기 씨앗 세어보는 일을
언제쯤 끝낼 수 있을까요
나는 오늘도 해바라기 씨 알갱이를 세고 또 셉니다
— 「해바라기 씨앗은 몇 개일까?」 전문

「해바라기 씨앗은 몇 개일까?」라는 표제시 작품이다. 해바라기는 향일화(向日花, sunflower)라는 명칭에서 알 수 있듯이 태양을 향해 고개를 움직이는 식물이며 2미터 높이의 큰 키로 햇빛을 받아들여 수많은 씨앗을 맺는다. 시인은 이러한 해바라기 씨앗에 대해 "모든 것을 저장한 씨앗"이라고 명명하면서 역시 한 마을의 역사를 묵묵히 지켜본 역사의 증언으로 해석하고 있다. 해바라기에게 이러한 기능을 부여한 것은 "어릴 적 아버지처럼 큰 키로/ 까치발을 하고도 보이지 않던 돌담 너머/골목과 지나는 사람들 잘도 넘겨다 보았"다는 점 때문일 것이다. 어릴 적의 시적 화자에게는 동경의 대상일 수밖에 없는 담 너머의 세상을 아버지처럼 큰 키로 자유롭게 넘겨다 보았다는 것, 그렇게 관찰한 기록물이 바로 "바둑판처럼 열 지어 영글어가는 열매"로서의 해바라기 씨앗이라는 것을 시적 논리로 설정하고 있는 셈이다.

그렇다면 해바라기 씨앗에는 무엇이 새겨져 있는가? 거기에는 "형들이 도시로 나가고/ 좋아하던 이웃집 여자애가 이사를 가"는 사사로운 사건들이 기록되어 있다. 그리고 "할머니의 상여가 나가"던 장면도 기록되어 있는데, 이러한 점에서 해바라기 씨앗은 마을에서 일어나는 삶과 죽음의 다양한 사건들이 기록되어 있는 역사인 셈이다. 해바라기 씨앗에서 시인이 삶과 죽음의 공존을 발견하는 것은 매우 중요한 대목인데, 조남걸 시인의 시적 상상력에서 삶과 죽음은 서로 분리되지 않고 한통속을 이루면서 함께 공존하고 함께 살아가기 때문이다. 죽음의 대표적인 경우가 아버지와 어머니의 죽음인데, 시인은 언제나 그 죽음과 함께 살아가는 모습을 보인다. 그러니까 죽음은 끝이 아니라 살아가는 사람의 마음속에 터전을 잡고서 계속 살아가면서 서로 힘이 되어 주는 공생의 관계를 형성하는 것이다. 이러한 시인의 시적 상상력이 이 시에서는 해바라기의 씨앗에 응집되어 있다고 할 수 있다.

시적 화자는 그 "해바라기 씨 알갱이가 몇 개인지 세고 싶어"진다고 고백한다. 이러한 고백에는 바로 삶과 죽음이 공존하고 있는 조화로운 공동체적 역사에 대한 형언할 수 없는 그리움이 담겨 있다. 그러나 시적 화자는 "셀 때마다 헷갈리곤 해서 끝까지 셀 수 없었어요"라고 고백하면서 해바라기 씨앗을 들여다 보는 작업이 녹록지 않음을 토로한다. 이러한 토로는 삶과 죽음이 깃든 공동체적 역사가 지닌 신비로움과 아득함에 대한 표현일 것이다. 삶과 죽음이 공존하는 풍경을 한 번 더 들여다 보자.

> 탈모가 시작된 겨울 숲은 적막하다
> 빛을 보지 못한 나무 둥치가
> 알몸에 그늘을 살았던 것처럼
> 무덤 속 아버지도 맨몸으로 흙을 살았다
> 알몸과 맨몸의 것들이 숲에 가득한데
> 그중에 아버지가 으뜸이다
> 가난하게 태어난 순간부터
> 농사짓다 쓰러진 순간까지 평생 알몸이었으니
> 벌거숭이 무덤쯤은 일상이다
>
> 나는 탈모 된 겨울 숲을 좋아한다
> 짧은 겨울 햇볕은 신이 난 듯 숲속을 헤집고 다닌다
> 무수히 많은 잎에 가려 보이지 않던
> 제멋대로 자란 나무줄기가 다정하다
> 붉은머리오목눈이 꾀꼬리 멧비둘기가
> 여름날 새끼를 키웠던 빈집이 쓸쓸하다
> 아버지의 무덤이 낙엽 가발을 쓰고
> 볕을 쬐며 졸고 있는 나른한 겨울이다
>
> ―「탈모」전문

"탈모가 시작된 겨울 숲은 적막하다"는 첫 구절은 겨울이 죽음의 계절이지만, 또한 죽음은 존재의 본색을 드러내는 계기가 될 수도 있음을 시사하다. 모든 거추장스러운 것들이 제거되고 본래의 순수한 속성이 제 모습을 드러내기 때문이다. 이 시에서 강조되고 있는 "알몸"이라든가 "맨몸" 등의 시어들은 존재의 본질을 담고 있다는 점에서 그 순수성이 부각되는데, 이러한 속성들은 모두 죽음과 관련되어 있다. 즉 "빛을 보지 못한 나무둥치"는 탈모와 함께 알몸을 드러내고, 아버지 또한 "평생 알몸"으로 살다가 죽어서도 "벌거숭이 무덤"으로 맨몸을 드러낸다.

  그런데 자세히 살펴보면 죽음의 계절은 의외로 여유롭고 풍요로운 이미지로 가득차 있다. 겨울이 되자 "짧은 겨울 햇볕은 신이 난 듯 숲속을 헤집고 다니"고 있으며, "무수히 많은 잎에 가려 보이지 않던/ 제멋대로 자란 나무줄기"는 다정한 모습을 드러낸다. 물론 "여름날 새끼를 키웠던" 새들의 "빈집이 쓸쓸하"기는 하지만, 그것은 해야 할 일을 다했을 때 느낄 수 있는 안도감을 동반한 쓸쓸함일 것이다. 가장 주목되는 풍경은 "아버지의 무덤이 낙엽 가발을 쓰고/ 볕을 쬐며 졸고 있는 나른한 겨울"이라는 이미지이다. 아버지의 무덤은 물론 아버지의 죽음을 비유하는 환유일 것인데, 죽은 아버지는 겨울 볕을 쬐며 나른하게 졸고 있다. 그 옆에는 시적 화자가 따사로운 겨울 햇볕을 쬐며 아버지와 함께 앉아 있을 것이다.

  죽음과 삶이 평화롭게 겨울 한낮을 보내는 풍경을 연상할 수 있는데, 이처럼 조남걸 시인의 시편에는 자주 삶과 죽음이 공존하고 공명한다. 「동지 무렵」에서는 "흙 속에 있는 어머니/ 이젠 추우시겠다"라고 하면서 돌아가신 어머니가 겨울 추위를 견디고 있을 것을 걱정하는데, 이러한 발상 또한 어머니가 무덤 속에서 살아 가고 있다는 것을 시사한다. 「추모의 방식2」에서는 아버지 어머니의 무덤이 있던 곳을 찾아가서 "어디서 날아와 나무로 자랐는지 아까시나무가 굵어져 하얀 꽃을 주렁주렁 달고 있다 엄마의 향기가 났다 이곳저곳이 좌표가 되어 아버지 어머니가 자유롭게 살고 있다"라고 하면서 자연의 일부로 빙의해서 살아가고 있음을 암시하고 있다. 아마도 삶과 죽음이 한 몸이라는 시상을 가장 잘 표현한 시는 다음 작품일 것이다.

    백족산 산비탈엔
    복숭아나무와 동갑내기 할머니가 살았는데
    그녀는 죽고 나무만 남아서 슬퍼할 줄로만 알았는데
    오월만 되면 나무는 연분홍 저고리와 속치마를 자꾸 벗어 던졌는데
    벗어 던진 하얀 속치마가 바람에 너울너울 아랫마을까지 내려가서 후끈 멀미가 났다
    가만히 보니 나무둥치에 난 검은 부스럼은
    그녀의 얼굴에 핀 검버섯을 너무나 닮아 깜짝깜짝 놀란다
    기억이 여기저기 짓무르고 터져 옹이로 남았다
    갈라진 틈에서 솟은 수액은 젤리같이 굳어
    이것도 약이여,
    말하던 그녀의 목소리로 올망졸망 맺혔다
    그녀의 기억자로 굽은 허리를 닮은

  삭아 꼬부라진 나무둥치엔
  먼저 하늘로 보낸 세 살배기 그리움 막내인 양
  애지중지 가꿔온 튼실한 새 가지에 새싹으로 키워냈다
  그녀의 쪼글쪼글한 눈을 닮은 어린 열매가
  탱글탱글 살이 올랐을 때
  나는 비로소 나무가 그녀를 살고 있다는 것을 알았다

  진하게 황혼이 깔리는 날이면
  붉음 속에 복숭아나무와 나란히 앉아
  먼 서쪽을 바라보는 그녀가 나에게만 보였다
              —「빙의」전문

 빙의(憑依)는 물론 떠도는 영혼이 다른 사람의 몸에 옮겨붙는 것을 의미한다. 그러니까 죽음 이후 혼백이 분리되어 혼은 하늘로 가고, 백은 땅으로 가야 하는데, 혼이 지상에 머물면서 다른 몸에 깃들어 의탁하는 것이다. 이 시에서는 할머니의 혼이 "백족산 산비탈"의 "복숭아나무"에 빙의해서 살아가고 있다는 시적 구도를 설정하고 있다. 할머니가 복숭아나무에 빙의해서 살아가고 있다는 시적 논리는 유비적 상상력에 의해서 펼쳐지고 있는데, "오월만 되면" 복숭아나무는 할머니가 입던 "연분홍 저고리와 속치마를 자꾸 벗어 던지"고 있다는 것, "나무 둥치에 난 검은 부스럼은/ 그녀의 얼굴에 핀 검버섯을 너무나 닮아 깜짝깜짝 놀라"게 된다는 것, 복숭아나무 옹이의 "갈라진 틈에서 솟는 수액은 젤리같이 굳어/ 이것도 약이여,/ 말하던 그녀의 목소리로 올망졸망 맺혔다"는 것 등의 유비 추론이 작동하고 있는 것이다.

  이외에도 할머니가 복숭아나무에 빙의해서 살아가고 있다는 증거는 다수 존재하는데, "그녀의 기역자로 굽은 허리를 닮은/ 삭아 꼬부라진 나무둥치"가 복숭아나무에는 있다는 것, 그리고 그 둥치엔 "먼저 하늘로 보낸 세 살배기 그리움 막내" 같은 "튼실한 새 가지"와 "새싹"이 자라고 있다는 것, "그녀의 쪼글쪼글한 눈을 닮은 어린 열매가/ 탱글탱글 살이 오"르고 있다는 것 등의 유사성이다. 시적 화자는 이러한 증거를 종합하여 결론적으로 "나는 비로소 나무가 그녀를 살고 있다는 것을 알았다"라고 고백하기도 하고, "붉음 속에 복숭아나무와 나란히 앉아/ 먼 서쪽을 바라보는 그녀가 나에게만 보였다"라고 넌지시 토로하기도 한다.

  결국 할머니의 혼이 복숭아나무에 깃들어 살아가고 있다는 것인데, 시인은 이를 "나무가 그녀를 살고 있다"고 표현하기도 하고, 나란히 앉아 있다고 묘사하기도 한다. 그러니까 복숭아나무와 할머니는 하나의 몸을 이루어 공존하고 공생하고 있는 셈인데, 이러한 구도는 자연 속에서 삶과 죽음이 공존하고 있다는 시적 논리이기도 하다. 시인의 자연에 대한 사유는 삶의 근거이자 토대로서의 자연관을 비롯하여 신화적 세계수, 혹은 우주목으로서의 자연과 공동체적 삶의 역사적 증언으로서의 자연을 거쳐 삶과 죽음을 아우르는 자연관에 도달하고 있는 셈이다.

  지금까지 우리는 조남걸 시인이 고향의 풍토를 배경으로 해서 펼쳐온 시적 상상력을 자연관을 초점으로 해서 살펴보았다. 시인의 자연에 대한 사유는 따사롭기도 하지만, 깊고 그윽한 정취를 자아내는데, 이러한 현상은 시인이 자연을 인격화할 뿐만 아니라 그것을 공존과 공생의 대상으로 파악하기 때문이다. 그뿐만 아니라 시인은 자연이 함축하고 있는 시간성을 인간의 역사로 전환하여 인간의 피와 눈물과 땀을 스며들게 함으로써 무한한 정동의 원천으로 삼고 있기도 하다. 시집을 읽고 있으면 시인이 자신의 고향 산천을 여유롭게 거닐며 자연과 고조곤히 화답하는 풍경이 연상된다. 아무쪼록 첫 시집에서 그윽한 시적 사유를 보여준 시인이 두 번째 시집에서는 더욱 깊은 자연에 대한 정취로 나아가 웅숭깊은 삶과 죽음에 대한 사유를 보여줄 것을 기대한다.

해바라기 씨앗은 몇 개일까

초판 1쇄 인쇄일 2022년 11월 25일
초판 1쇄 발행일 2022년 11월 25일

지은이 | 조남걸
펴낸이 | 김미아
펴낸곳 | 더푸른출판사
편　집 | 하종기

출판 등록 2019년 2월 19일 제 2009-000006호
17785 경기도 평택시 송탄로40번길 46, 101동 1602호
전화 | 031-616-7139
팩스 | 0504-361-5259
E-mail | dprcps@naver.com
홈페이지 | https://blog.naver.com/dprcps

ISBN | 979-11-968107-9-5(03810)

* 책 가격은 뒤표지에도 표시되어 있습니다.
* 지은이와 협의에 의해 인지는 생략합니다.
* 잘못된 책은 구입하신 곳에서 교환해 드립니다.

*값 10,000원